佐々木昭弘の理科授業

これだけは身につけたい 指導の技 45

筑波大学附属小学校
佐々木昭弘 著

明治図書

はじめに

　小学校の教師は，年間に1000時間近くの授業をします。しかし，ただ漫然と量をこなしても，授業力は身につきません。若い教師であっても授業が上手な教師はいますし，ベテラン教師であっても授業が上手とは言えない教師がいます。それが現実です。
　その差は，どうしてできてしまうのでしょうか。

　よく，授業のセンスがよいとか悪いとかいう言葉を耳にします。そういった目に見えない資質的，感覚的な要素も，教師の授業力に関係しているのかもしれません。しかし，センスのよさだけで授業が上達するほど，教師修行は甘くないのも事実です。
　専門職と呼ばれる仕事に従事している人たちには，その道に関係した知識，技能が不可欠です。その一つでも欠ければ，プロとしては認められません。それは，医師，料理人，弁護士，職人…といった専門職の人々の姿をイメージすれば"自明の理"でしょう。

　本書は，筆者が理科の授業づくりで大切だと思うことや授業づくりの技術を見開き2ページにまとめて解説してあります。
　まず，目次を見て，その中に興味のある項目，自分が困っている項目がありましたら，そこから読み始めてみてください。そして，心の中にストンと落ちるものがあったら，少しずつ実際の授業に取り入れてみてほしいと思います。
　その小さな積み重ねが，若い先生たちにとって価値ある経験となり，専門職としての知識，技能を身につけていく道を広げてくれるものと信じています。

筑波大学附属小学校　佐々木昭弘

Contents

はじめに

第1章 これだけは身につけたい 指導の技45

授業準備

- 01 授業をワンパターン化させない問題解決のバリエーションとは？……8
- 02 指導計画は，どうやって立てるの？……10
- 03 指導案を書くときに気をつけることは？……12
- 04 はじめが肝心！ 子どもに指導すべき授業ルールとは？……14
- 05 「発問」ってどうやってつくるの？……16
- 06 教材選定のポイントは？……18

授業全般

- 07 子どもが食いつく導入指導の工夫とは？……20
- 08 子どもが解決したくなる「問題」を設定する方法とは？……22
- 09 グループで活動させるときに注意することは？……24
- 10 グループ活動を活発にさせるには，どんな工夫がある？……26
- 11 観察の視点をどう引き出したらいい？……28
- 12 観察・実験の記録をどうまとめさせればいい？……30
- 13 子どもの理解を深める「ものづくり」の指導とは？……32
- 14 「安全指導」の基本とは？……34
- 15 理科授業の「板書」の基本とは？～導入部～……36
- 16 理科授業の「板書」の基本とは？～展開部～……38

- 17 理科授業の「板書」の基本とは？〜終末部〜……40
- 18 「結果」と「考察」の違いを区別させる工夫とは？……42
- 19 子どもの理解を深める「まとめ」とは？……44
- 20 情報が正確につたわる「指示・説明」の仕方とは？……46
- 21 理科の「評価」はどうすればいいの？……48
- 22 校外学習で注意するポイントとは？……50
- 23 宿題の効果的な出し方とは？……52

アイテム活用・環境整備

- 24 教科書を有効に活用するには？……54
- 25 「ノート指導」のポイントは？〜基本編〜……56
- 26 「ノート指導」のポイントは？〜応用編〜……58
- 27 「ワークシート」をどう活用すればいい？……60
- 28 「ICT機器」を授業で活用するには？……62
- 29 理科室の掲示・展示をどうすればいい？……64
- 30 子どもに持たせたい「理科グッズ」とは？……66

困った場面の対応

- 31 簡単に準備や後片づけをする方法とは？……68
- 32 どうすれば，理科室・理科準備室がきれいになる？……70
- 33 クラス全員が同じ予想になってしまったら？……72
- 34 子どもが発表しないとき，どうすればいい？……74
- 35 限られた時間で，どう授業すればいい？……76
- 36 実験の結果に違いが出たグループがあったらどうする？……78
- 37 学校でできない観察をどう指導する？……80

授業研究

- 38 「国語科と連携した理科授業」とは？……82
- 39 「算数科と連携した理科授業」とは？……84

40 「全員参加型」の授業づくりのポイントとは?……86
41 理科授業の「アクティブ・ラーニング」とは?……88
42 「科学的思考力」とは何か?……90
43 理科の「言語活動」とは?……92
44 「活用力」を高める授業とは?……94
45 理科で育てる「資質・能力」とは?……96

第2章 「資質・能力」を育てる オススメ授業

「3年」の授業

「電気の通り道」の授業……100
「風の働き」の授業……102

「4年」の授業

「物の体積と温度」の授業……104
「物の温まり方」の授業……106

「5年」の授業

「振り子の運動」の授業……108
「物のとけ方」の授業……110

「6年」の授業

「てこの規則性」の授業……112
「燃焼の仕組み」の授業……114

おわりに

第1章

これだけは身につけたい
指導の技45

01　授業準備

授業をワンパターン化させない問題解決のバリエーションとは？

「問題解決学習」の形骸化が叫ばれて久しくなります。授業展開のパターン（型）ばかりが優先され，子どもの思考の流れに合っていないという指摘です。つまり，授業展開がワンパターンになっているのです。
　デューイ，ポリアが提唱した問題解決学習の展開は，有効な一つの型です。しかし，日本人は様々なアレンジを加え，「日本型問題解決学習」をつくり上げてきました。問題解決学習には，様々なバリエーションがあるのです。
　では，どのようなバリエーションがあるのでしょうか。

ミステリー型の理科授業

　推理ドラマには，犯人が番組の最後に明らかになる「ミステリー型」があります。事件が発生し，容疑者が数人設定されます。そして，主人公である名刑事や名探偵が独自の推理をもとに捜査し，様々な情報を集めていきます。番組の後半ともなると「謎はすべて解けた」といった主人公の名台詞とともに，大広間などに登場人物が集められます。そして，これまでの捜査を主人公が振り返りながら，「犯人はおまえだ！」となり，事件はめでたく解決となります。その犯人が意外であればあるほど視聴者は驚き，興奮します。ドラマ『相棒』アニメ『名探偵コナン』などは，この展開の部類に入ります。

　このミステリー型のストーリー展開は，これまでの理科授業の典型的なパターンです。解決しなければならない「問題」が導入部に設定され，推理ドラマでいう容疑者に当たる「予想」がいくつか設定されます。そして，実験を行い，裏づけとなる結果をもとに，一つの「答え」に辿り着いて問題は解決となります。ここでは，事実をもとに理論をつくる「帰納的な思考」がベースとなります。

サスペンス型の理科授業

　推理ドラマには，犯人が最初から明らかにされる「サスペンス型」もあります。ストーリーは，容疑者が犯罪を犯すシーンから始まります。まず，主人公の名刑事や名探偵は，犯人の目星をつけます。そして，犯人とのしつこいほどの対話の中で，少しずつ犯人が追い詰められていくのです。最後に，アリバイは完全に崩され，事件は解決となります。主人公が犯人のアリバイをどう崩すか，犯人と名刑事や名探偵とのかけ引きに視聴者は驚き，興奮します。ドラマ『ガリレオ』『古畑任三郎』は，この展開の部類に入ります。

　サスペンス型の推理ドラマと同様に，導入部で「答え」を明らかにしてしまう理科授業もあります。「答え」は正しいはずなのですが，実験をしても期待する結果が得られません。つまり，推理ドラマでいうアリバイを崩せるだけの証拠がないのです。そこで，実験の方法などを工夫することによって，裏づけとなる結果を得ることに成功し，問題は解決となる展開です。ここでは，理論をもとに事実を集める「演繹的な思考」がベースとなります。

ミステリー型とサスペンス型を使い分けよう！

　帰納的な思考をベースにした「ミステリー型」（発見学習）が当たり前と考えられてきた理科の問題解決学習では，演繹的な思考をベースにした「サスペンス型」の展開は，ほとんど受け入れられることはありませんでした。しかし，私たちに必要な論理的な思考の過程には，帰納と演繹の両方があるのが自然です。演繹的な思考をベースにした有意味受容学習もまた，問題解決の過程の一つと言えるのです。私たち教師は，帰納と演繹それぞれの長所や短所を見極めたうえで，フレキシブルに使い分ければよいのです。

　ミステリー型とサスペンス型の授業については，第2章で具体的な事例をもとに示すことにします（p.99　第2章参照）。

02 授業準備

指導計画は，どうやって立てるの？

　研究授業ともなれば，当然のことながら，指導案を作成することになります。指導案には，様々な内容を記述しなければならないのですが，とりわけ「指導計画」をどう立てるかは悩むところです。というのも，本時の授業は，単元計画の位置づけによって，その妥当性が問われるからです。
　教科書通りの指導計画では，提案性がないという指摘を受けるかもしれません。しかし，自分だけで悶々と考えても，なかなか新しい指導計画を自分で考えることは難しいものです。では，どうしたらよいでしょうか。

いろいろな教科書の「単元計画」を比べてみよう！

　小学校理科の教科書は，「学校図書」「東京書籍」「啓林館」「教育出版」「大日本図書」「信濃教育会」の6社から出版されています。文部科学省が検定しているため，似たり寄ったりの内容ですが，実際に比較してみると，単元計画には各社独自の様々な工夫が取り入れられていることがわかります。まずは，いろいろな教科書の単元計画を比べてみることから始めましょう。

(1)「単元の配列」の違い

　ある教科書では，5年の第1単元が「振り子の運動」です。しかし，多くの教科書では，「植物の発芽・成長」の学習を，振り子の学習より先に設定しています。
　前者の教科書は，5年で扱う「条件制御」を，実験結果のばらつきが小さい物理単元で指導し，その後に実験結果のばらつきが大きい生物単元で活用させることがねらいです。後者の教科書は，算数で学習する「平均」というデータ処理の方法を，振り子の実験で活用させることを重視していると考えられます。どちらにも，それなりの理由があるのです。

(2)「教材」の違い

　4年「水の三態変化」の学習では，水を加熱したときの温度変化に伴う状態変化を調べます。3社の教科書では，水を入れたビーカーを加熱します。その他の教科書では，丸底フラスコを使います。

　ビーカーを使った実験では，水が沸騰したときの温度は95〜97℃にとどまります。丸底フラスコを使えば，ほぼ100℃近くで沸騰します。しかし，日常生活で子どもたちが目にしている鍋に水を入れて沸騰させる方法を重視するのであれば，ビーカーを使った方がよいでしょう。また，水が沸騰するときの状態変化も観察しやすいと思います。

(3)単元の「展開方法」の違い

　4年「水の三態変化」では，教科書によって「水を温める」「水を冷やす」「水蒸気を冷やす」の学習の順番が違います。「水を温める」を先に学習した方がよいでしょうか。それとも，「水を冷やす」を先に学習した方がよいでしょうか。自分ならどちらを選択するか，教科書を比べながら考えてみましょう。

　5年「物のとけ方」では，食塩，ミョウバン，ホウ酸を教材として，とけ方の違いを学習します。ある教科書では，まず，食塩のとけ方の全体を学習します。そこで習得した知識や技能を活用して，ミョウバンなどの他の物質のとけ方について学習する展開です。しかし，別の教科書では，食塩とミョウバンのとけ方を常に比較させながら，展開していきます。

指導計画の"いいとこ取り"をしよう！

　各教科書の単元計画を比較することで，各教科書の単元計画の理論が多少なりとも見えてくるはずです。その結果，自分が「いい！」と感じたところを取り出して，組み合わせながら指導計画を立ててみましょう。

　新しい考えとは，既存の考えの組み合わせにすぎません。"いいとこ取り"で指導計画づくりに挑戦してみてください。

授業準備

03 指導案を書くときに気をつけることは？

　指導案は企業で言えば企画書であり，研究授業は言わばプレゼンテーションの場です。ですから，指導案には，授業者の提案や主張が読み手につたわるような，配慮が求められます。
　確かに，指導案には様々な形式があり，研究内容に応じて各学校で様々な工夫が取り入れられています。そこで，ここでは，指導案を作成するに当たって忘れがちなポイントに絞って解説します。

指導案は，企画書である！

(1)教材観・児童観・指導観

　一般的に，この３項目を記述するのが基本と言われています。ところが，ここに書かれている内容があまりに形式的で，参観者にとって価値あるものにならないことが少なくないのです。
　教材観には，学習指導要領解説（理科編）に書かれていることの解説や，他の単元との系統性にふれていることがよくあります。しかし，参観者にとって必要な情報になるとは限りません。当たり前の一般論になりがちです。
　児童観には，理科が好きな子が多いとか，発表する子が少ないといった児童の実態が書かれています。ところが，この情報が，本時の授業にとってどういう意味があるのかが不明確です。
　そして，指導観に目を通すのですが，どうしてそのような指導をする必要があるのか，教材観と児童観との関係もまた不明確です。
　そこで，教師としての経験をある程度踏んだら，次のことに注意してシンプルに前段をまとめ，主張を明確にすることを心がけてみましょう。

◆単元では（あるいは本時では）これを子どもたちに身につけさせたい。

◆ところが，これまでの指導を振り返ってみると，こういう問題がある。そして，その原因はこうだと考えられる。

◆そこで本時では，こういうところを工夫して授業することにした。

(2)**本時の目標**

目標の語尾に注目すると，「知らせる」「気づかせる」「理解させる」といった言葉を目にします。しかし，意外に適当に使われているものです。

「知らせる」であれば，教師（あるいは子ども）から子どもたちへの情報の伝達を意味しています。「気づかせる」であれば，自由な試行といった十分な活動が保障され，子どもたち自身が事実をもとに理論をつくっていく展開になります。そして，「理解させる」であれば，子どもたちの考えが複数に分かれ，観察・実験を通して一つの考えに収斂していく展開になります。

(3)**本時の展開**

展開の記述で気をつけてほしいのが，「指導上の留意点」の書き方です。「問題をしっかりととらえさせる」と書いても，何をどのような方法でとらえさせるのかが不明確です。つまり，具体的な教師の指導の姿が見えてこないのです。「同じ日に発芽したのに成長に違いが出てきた理由を考えさせることで，成長条件に対する問題意識を高める」といった表現が必要です。

質より「量」の指導案をつくろう！

指導案づくりで，「質と量のどちらが大切か？」と問われれば，筆者は迷わず「量」と答えます。物事の質は量を確保することでこそ担保されます。たくさん指導案を書き，たくさん研究授業をすることが，授業力をつける近道なのです。

筆者の公立学校時代，Ａ４判１枚（片面のみ）に，本時の目標と本時の展開（略案）だけをまとめ，多くの先輩方に授業を見ていただきました。大作の指導案づくりだけでなく，質より量を重視した指導案づくりが，指導案の作成の力，そして，授業力を高める近道だったことは間違いありません。

授業準備

04 はじめが肝心！ 子どもに指導すべき授業ルールとは？

　"はじめが肝心"とはよく言ったもので，新しい学年に進級した子どもたちは，その新鮮さも手伝って，4月当初は素直に教師の言うことをよく聞くものです。
　ですから，この時期を逃さずに，理科授業の基本ルールを指導しなければなりません。
　では，どのような基本ルールが必要なのでしょうか。理科授業を支える基本ルールを紹介します。

授業前の"基本ルール"

(1)ノートの準備

　子どもたちが理科室に到着したら，まずすることがノートの準備です。
　次の情報を，日直が黒板に書き，自分のノートに写します。

- ・日付
- ・曜日
- ・天候
- ・理科室の温度
- ・今日の月の形

```
9／21（木）◎　27℃　☽
```

　毎時間の継続した繰り返しの中で，子どもたちは天候と気温の関係，月の満ち欠けの順番を学んでいきます。

(2)机の上には使う物だけ

　子どもたちは，次の物を持って理科室にやってきます。

- ・教科書
- ・ノート
- ・筆記用具
- ・理科の七つ道具（p.66参照）

　この中から今使う物だけを机の上に出させ，その他の物は机の下にしまわせます。例えば，筆記用具の鉛筆，赤ボールペン，定規，消しゴム以外は，ペンケースごとしまわせます。これで机の上は，観察・実験のための広いス

ペースを確保することができます。また、気が散るような物を子どもの目から離すことができます。

(3)ノートにページ番号（p.56参照）

　最初に新しいノートを配ったとき、すべてにページ番号を書かせます。普通のノートであれば、全部で60ページになります。そのノートを書き終えて新しいノートになったときは"61"からページ番号を書かせます。すると、不思議と子どもたちは、ノートを途中で破かなくなります。また、ノートのページが少しずつ増えていくことは、子どもにとって楽しみにもなります。

(4)自分たちで準備、自分たちで後片づけ

　忙しい中、教師が実験道具すべてを準備することは難しいでしょう。そこで、実験の仕方を教師が説明した後は、グループで協力して自分たちで準備させます。そして、教師に合格をもらったグループから実験をスタートさせます。これを繰り返していくと、理科室のどこにどんな道具や材料があるのかを、子どもたちは学んでいきます。

　授業後の後片づけも、子どもたちにしてもらいます。後片づけをきちんと済ませたグループから「合格！」を出し、教室にかえします。早く遊びたいので、子どもたちは協力して後片づけをしてくれるはずです。

子どもの事実からつくるルール

　年度当初にルールを決めることに加え、子どもの事実から少しずつルールを追加したり、へらしたりしていくこともあります。そもそもルールとは、子どもたちの問題行動の事実から生まれていくものです。自由を守るためには、義務を果たすことが必要なのと同じです。その仕組みを子どもたちに理解させたいものです。

　時々、授業のルールはこのままでよいのか、子どもたちと話し合う場をつくりましょう。少しずつルールが少なくなっていくのは、子ども一人ひとりが成長している証拠です。

授業準備

05 「発問」って どうやってつくるの？

　授業の成否を左右する極めて重要な要素の一つが発問です。だからこそ，教師であれば，誰もが発問づくりに悩みます。苦労しながら発問を決めて授業に臨むのですが，なかなかうまく授業が流れないことも少なくありません。
　では，どうすれば，子どもの問題意識を高める「いい発問」をつくることができるのでしょうか。その方法はいくつかあるのですが，ここでは，子どもの「問いの変化」という視点から考えてみることにします。

質より「量」の発問をつくろう！

　「03　指導案を書くときに気をつけることは？」（p.12参照）でもふれましたが，質よりも「量」を重視した発問づくりに挑戦してみることが大切です。量を確保していく中で，発問の質は確実に高まっていきます。
　まず，本時の授業の中で考えられる発問を，できるだけたくさん付箋紙に書き出してみましょう。できれば，50以上に挑戦してください。

発問を分類しよう！

　発問が集まったら，それを分類します。次の視点で分類してみましょう。
(1)「直接的」と「間接的」に分ける
　低学年社会科があった時代，「バスの運転手」を授業した有田和正先生の有名な発問があります。バスの運転手さんが乗客の安全に注意して運転していることを理解させるのが，この授業の目標でした。この目標を直接発問するなら，「バスの運転手さんは，どんなことに注意して運転しているでしょう？」となるのが普通です。しかし，有田先生はそう発問しませんでした。「バスの運転手さんは，どこを見て運転していますか？」と発問したのです。

車の内外に取りつけられているたくさんの鏡や，スピードメーターなどを運転手さんが見ていることを子どもたちは指摘します。そして，たくさんの「運転手さんが見ているところ」が集まったときに，子どもたちの中に「どうしてそこを見ているのかな？」という問いが生まれたのです。

つまり，バスの運転手さんがどこを見ているのかと間接的に問うことで，本時の目標である「乗客の安全に気をつけている」ということに子どもたち自らが気づいていくという授業でした。

理科授業も同じです。発問を考えるとき，本時の目標を直接問うか，それとも間接的に問うかを考えてみましょう（p.99　第2章参照）。

(2)「結果」「方法」「理由」に分ける

さらに発問は，右の図のように分類することができます。「結果」「方法」「理由」の3つです。

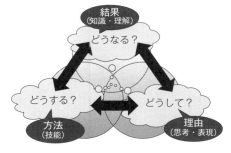

「温めると，水の体積はどうなりますか？」（4年：物の体積と温度）は，実験して得られる結果はどうなるかを発問しています。「電磁石をもっと強くするにはどうしたらいいですか？」（5年：電流の動き）は，期待する結果を導くための「方法」は何かを発問しています。「電熱線を太くすると，どうして発熱が大きくなるのでしょうか？」（6年：電気の利用）と，得られた結果の理由を問うています。

授業の中で「結果」の発問が中心となれば知識・理解に，「方法」の発問が中心となれば技能に，「理由」の発問が中心となれば思考・表現が重点におかれた評価となるでしょう。そして，子ども自身が「どうなる？（結果）」「どうする？（方法）」「どうして？（理由）」と解決すべき問題を自ら変化させ，新たな追究をスタートさせたとき，問題解決の過程で「問題を見いだす力」「予想や仮説を発想する力」「解決の方法を発想する力」「妥当な考えをつくりだす力」といった資質・能力は鍛えられていくはずです。

授業準備

06 教材選定のポイントは？

　「素材」とは，理科授業で扱われるホウセンカやモンシロチョウなどの動植物や，食塩やアルミニウムなどの物質そのものを指します。また，授業に使う豆電球や電磁石などを「教具」と呼ぶことがあります。
　ここでは，素材や教具に教育的な価値を付加させたものを「教材」と呼ぶことにします。その場合，授業をどう設計するかによって，たとえ素材や教具が同じでも，教材として価値が変わってくることを意味しています。
　では，教材をどのような視点で選べばよいのでしょうか。

教科書教材を見直そう！

　各教科書会社は，教科書に載せる教材をどうするか，様々な視点から検討を重ねます。ですから，それぞれの教材選定には，きちんとした理由があるのです。例えば，理科が苦手な先生であっても，ほぼ期待する結果が出てくるようになっています。また，忙しい先生方のために，時間や手間をかけずに教材を準備できるよう配慮されているものもあります。
　ですから，教材の選定は，子どもたちが使っている教科書教材を基本にすることをオススメします。
　もちろん，各社の理科教科書や教材カタログを開くと，様々な素材・教具，教材が載っていますから，その中から教材を選んで授業することもあるでしょう。また，オリジナリティあふれる自作教材で授業する先生もいらっしゃいます。それはそれでよいのですが，実は隠れたデメリットがあります。
　まず，教科書とは違う教材を授業で使った場合，テストの得点が期待ほど伸びないことがあります。多くの先生方が使われている業者テストは，それぞれの教科書準拠で作成されています。つまり，テストで子どもたちに提示

される教材は，教科書と同じになります。

　ところが，授業で教科書とは違う教材を使った場合，授業で学んだことをすぐには問題に適用できないことがあります。心理学でいう"領域固有性"です。買い物の計算はできるのに，算数で繰り上がりや繰り下がりのある計算ができないことと同じです。文部科学省が実施している理科の学力調査で，得点が意外に低い結果が出てくる背景には，領域固有性の影響があります。

　次に，教科書を使って子どもたちが復習できないというデメリットがあります。教科書教材で授業をすれば，子どもたちは自宅で教科書を使ってノートをまとめるなどして復習することができます。テストの後も，教科書を見て確認することもできます。

　理科の指導では，国語や算数と違ってドリルや問題集などをほとんど購入しません。だからこそ，子どもが自学できる教科書教材を基本にすることが教材選定の考え方の一つとなります。

セット教材を上手に使おう！

　今は，セット教材がたくさん販売されています。セット教材を使うことを嫌う理科教師がいますが，大切なのは"使い方"です。教科書教材やたとえオリジナル教材であっても，使い方を誤れば期待する指導効果を得ることはできません。

　最近のセット教材は，価格が安いうえに優れものが多いことは事実です。学校に出入りしている教材屋さんに頼めば，見本を届けてくれます。購入する前に，実際にいくつかを使ってみましょう。すると，それぞれのセット教材の長所や短所が実感できるはずです。説明書がわかりやすいか，子どもにとって難しくないか，安全上問題はないか，授業のねらいを達成できる教材か…などをチェックしましょう。

　いくつか候補となるセット教材を選んだら，あとは価格です。保護者の負担を軽くするためにも，できるだけ安いものを選びます。

授業全般

07 子どもが食いつく導入指導の工夫とは？

　お笑いに限らず，授業でも"つかみ"は大切です。"つかみ"に当たる導入指導が成功するか否かによって，その授業の半分が決まってしまうといっても，過言ではありません。というのも，導入指導の目的は，「子どもの学習意欲を高める」「子どもの問題意識を高める」に尽きるからです。
　理科教育の研究では，導入指導の様々な指導法が開発されてきました。まさに子どもが食いつく導入指導の工夫です。ここでは，スタンダードな方法を2つ，事例をもとに紹介します。

「自由な試行」を取り入れよう！

　4年「空気と水の性質」の学習では，空気と水を圧したり，温めたりしたときに生じる様々な現象を比較し，それぞれの性質の類似点や差異点を確かめる学習をします。その単元導入部で「自由な試行」を取り入れてみます。
先　生「ポン！」（空気でっぽうの玉が飛んだ音）
子ども「わ～っ！」
先　生「みんなも空気でっぽうを飛ばしてみましょう」
　ただし，活動に入る前に，次のような指示を出しておきます。
先　生「でもね，条件があります。空気でっぽうで玉を飛ばすと，いろいろなことが起こります。え～！，はてな？，へ～！と思ったことが見つかったら，ノートに絵と言葉で記録しておくのですよ」
　「自由な試行」は，自由であるがゆえに，子どもの活動が様々な「あそび」へと拡散してしまい，授業の目的から，どんどん離れていってしまうことがあります。その歯止めとして条件をあらかじめ提示しておきます。
　子どもたちは，空気でっぽうの玉を自由に飛ばす活動を通して，様々な事

実と出合い，ノートに記録します。教師は，その記録を机間巡視で確認しながら，ダブりがないように板書させていきます。黒板にある程度の情報が集まったら，子どもたちを集め，板書された情報をもとに話し合います。やっていないことがあったら，その後に確かめさせます。

次に，「空気の代わりに水を閉じ込めて後玉を圧したら，前玉はどのように飛びますか？」と問いかけます。子どもたちの予想は「もっと飛ぶ」「同じくらい飛ぶ」「あまり飛ばなくなる」に分かれます。確かめてみると，玉が飛ばないばかりか，音もしません。じゃ～，と水がこぼれ落ちるだけです。

不思議に思った子どもたちは，繰り返し空気と水の玉の飛び方の違いを確かめていきます。そして，空気と水の性質の違いが少しずつ浮き彫りになっていくのです。

「事象の提示」を取り入れよう！

予想が外れたり，驚いたりするような事物・現象を授業の導入部で提示し，子どもたちの興味・関心，問題意識を高めるのが「事象の提示」という指導法です。4年「物の体積と温度」では，空気・水・金属を温めたときの体積変化について学習します。空気の温度と体積変化を学習する導入部で，「事象の提示」を取り入れてみます。

右の写真のように，丸底フラスコ（500mL）に水で濡らしたフラスコ栓で蓋をします。そして，お湯が入ったカップ麺の器に入れると…，「ポン」という音とともに玉（フラスコ栓）が飛びます。子どもたちから，「お～！」という歓声が上がります。

「空気でっぽうのときは，棒で後玉を圧したので空気はちぢみ，もとのかさに戻ろうとして前玉を押し出しました。しかし，誰も圧していないのにフラスコ栓が飛んだのはなぜですか？」

子どもの問題意識がぐっと高まります。

授業全般

子どもが解決したくなる「問題」を設定する方法とは？

　理科に限ったことではありませんが，多くの授業では，解決すべき「問い」が板書されます。ところが，授業者によってそれが「課題」だったり，「問題」だったり，そして「めあて」だったりと，表現が様々です。
　「課題」「問題」「めあて」とは，どれも同じなのでしょうか。結論を言えば，それぞれの意味は違います。そして，分けて考えた方が，子どもにとって意味のある学習問題を設定するための仕組みが見えてくるでしょう。

「課題」「問題」「めあて」の意味と関係

　これら3つの言葉の定義については，研究団体・組織によって違いがあります。ここでは，日本初等理科教育研究会の考え方にしたがうことにします。
　「課題」とは，教師から子どもたちに課す問いです。そして，課題によって子どもたちの中に誘発された問いが「問題」です。
　例えば，3年「物と重さ」で，重さ比べの教材としてお金（6種類の硬貨）を使ったことがあります。そのときの課題は，「お金の重さの順番は，どうなるか？」でした。子どもたちは，手に持って重さ比べをします。500円硬貨が一番重く，1円硬貨が一番軽いことはわかりました。しかし，その間の順番の予想は，子どもたちによってまちまちです。
　すると，子どもたちの中に，「どうすれば，お金の重さ比べができるんだろう？」という問いが生まれてきます。これが「問題」です。この問いを，そのまま板書します。
　そして，この問題を解決する学習が，「問題解決的な学習」ということになります。
　子どもたちに，「何か貸してほしい物はありますか？」と聞くと，台ばか

り，デジタルばかり，体重計，天びん…といった重さを量るための道具を貸してほしいと言います。そこで，台ばかりだけを貸して調べさせるのですが，ほとんど針が動きません。あまりに硬貨が軽いからです。

ここで，「いろいろな道具で調べてみよう！」という「めあて」が出てきます。つまり，「〜しよう」といった行動・活動に関係した目標は，前段の解決しなければならない「問題」があるからこそ出てくるもので，「めあて」それ自体が「問題」になることはないのです。

子どもが解決したくなる「問題」が生まれる条件

これまでの自分の授業を振り返ってみると，子どもたちが解決したくなる「問題」が生まれるときには，いくつかの条件がありました。

⑴インパクトのある現象を目の当たりにしたとき
　私たち大人もそうですが，大きな音，形や重さの大きな変化といったインパクトのある現象に出合うと，心がゆさぶられます。そして，「自分もやってみたい」「どうしてそうなるの？」といった感情が芽生えてきます。このような心の動きを利用したのが「事象の提示」です（p.21参照）。

⑵自分の予想や期待が外れたとき
　空気でっぽうの筒に水を閉じ込めても玉は飛ぶと予想した子どもたちは，まったく異なる事実に驚きます。このように，期待した実験の結果が出なかったとき，子どもたちの中に「どうして？」という問いが生まれます。子どもたちの期待を裏切る場面を設定してみましょう。子どもたちの問題意識を高める有効な手立てとなるはずです。

⑶友達と考えが対立したとき
　子どもたちの予想がいくつかに分かれ，話し合いが始まります。そして，自分とは違う考えにふれたとき，自分の考えと友達の考えを比較して，「どうしてそう考えるの？」「どうすれば自分の考えを主張できるか？」という問いが子どもたちの中に生まれます。

09　授業全般

グループで活動させるときに注意することは？

　学習形態には，「一斉指導」「グループ学習」，そして「個別学習」のおよそ３つがあります。実際の授業では，それぞれを組み合わせながら展開していくのが普通です。その中の「グループ学習」を理科授業に導入するときには，いくつかの注意点があります。というのも，一斉指導に比べて，より教師の手から離れる活動であるからです。
　ここでは，「基本ルール」「グループ編成」「グループ内の役割分担」の３つに絞って解説します。

基本ルール「め・け・さ・じ」

　グループごとに野外に出て観察するときは，教師の目が行き届かなくなることがあります。そこで，基本的な「きまり」をつくって合い言葉にします。それが，「め・け・さ・じ」です。意味は次の通りです。
　「め」→迷惑をかけないこと
　「け」→けがをする（させる）危険なことをしないこと
　「さ」→差別して友達を悲しませないこと
　「じ」→時間（時刻）を守ること
　グループ活動に限ったことではありませんが，理科の授業では，この４つさえ守れば何をしてもいいことになっています。この４つにふれずに子どもたちが悪さをすることは，まずできないからです。
　また，子どもたちが「先生，これしてもいいですか？」と聞いてきたら，「『め・け・さ・じ』のどれを破りそうなのですか？」と聞き，子どもたちに考えさせます。この指導を繰り返していくと，子どもたちは教師に聞く前に，自ら考えます。つまり，やっていいかどうか主体的に判断するのです。

理科授業開きに指導すると，より効果的です（p.14参照）。

グループ編成

理科室のグループは，テーブルの関係で，1グループ4人が一般的な編成でしょう。さらに，2人と3人グループも組み合わせてみましょう。

⑴ **2人（ペア）活動・実験**

4人グループのお向かいさん，あるいはお隣さんとペアで話し合いをします。1対1の会話形式であるため，話すことが苦手な子でも，抵抗感は低くなるはずです。特に物理教材の実験の場合は，実験が安全なうえに短時間で終わるので，2人で話し合いながら繰り返し実験させることが可能です。

⑵ **3人グループ**

"三人寄れば文殊の知恵"の言葉通り，3人グループになると，多面的な視点から話し合うことができます。人数が奇数であるため，子どもたちの考えが分かれるときも多数派と少数派に分かれ，話し合いは活性化します。

グループ内の役割分担

1人1実験，2人組で行うペア実験以外であれば，4人グループで実験することがほとんどです。ですから，放っておけば理科が得意な子の独擅場となってしまうことが少なくありません。分担などのルールが必要です。

例えば，グループの席をA・B・C・Dの4つに分け，今日の実験の分担をはっきりさせてみましょう。そして，この役割をローテーションしながら4回実験を繰り返します（実験が一日の授業の場合は，日を変えてローテーション）。

まず，自信がある子から先に実験させ，自信がない子には真似をさせましょう。そのとき，他の子が実験している間は，"口を出しても手を出すな"がルールです。

これだけの工夫で，子どもたち一人ひとりに「実験・観察の技能」を高める指導が可能となります。

授業全般

10 グループ活動を活発にさせるには，どんな工夫がある？

　「一斉指導」では，「子どもは教師に話し，教師は子どもに話す」という情報伝達に偏りがちです。また，話し合いの視点や内容，情報量が限られてしまうことは否めません。そこで，少人数で編成するグループ活動を要所に取り入れることで，子どもから子どもへの情報伝達の機会が多くなり，話し合いの視点や情報量も確保することができます。
　ここでは，グループ活動をさらに活発にさせる方法を紹介します。

観察・実験しながら話し合いをしよう！

　実験が終わると，各グループから，実験の結果を発表させるという授業をよく見かけます。各グループからの結果の報告が終わると，その結果をもとに話し合いをします。いわゆる考察の場面です。
　ところが，この段階になると，多くの子どもたちの意欲がダウンしてしまうことが，少なくありません。言語活動が重視されている今，この場面こそ大切にしなければならないのですが，どうもうまくいきません。
　その原因は，いろいろと考えられますが，最も影響するのが観察・実験の結果について話し合う場面のもち方にあるように思います。実は，子どもたちが話し合いたくなる場面というのは，観察・実験が終わった後ではなく，観察・実験をしている最中なのです。
　観察・実験をしながら，子どもたちは様々なつぶやきを発します。
「あれ，おかしいよ」
「やっぱり，ぼくの予想は当たっていたね」
　このときこそ，子どもたちに自由に話し合わせるのです。結果に納得がいかなかったら，再観察・再実験させます。そして，また話し合わせます。

さらに，観察・実験が終わったグループから，自分の席から離れて他のグループと情報交換をさせます。そのときには，観察・実験の結果だけではなく，その現象が起こった原因についての話題も必ず出てきます。

　観察・実験しながら話し合わせておくことで，この後の考察場面の指導がスムーズかつ短時間に進みます。

友達の真似をさせよう！

　学級の子どもたちには，絵をかくのが苦手な子，文章を書くことが苦手な子，そして，ノートのまとめが苦手な子がいるのが普通です。そんな子どもたちに，「自分で考えなさい」「自分でやりなさい」というのは酷な話です。

　ですから，友達の真似をさせましょう。また，友達を助けさせましょう。ただし，ここでも"口を出しても手を出すな"が基本ルールです。

　たとえ人の真似をしてもいいから，「できた」「書けた」という事実を積み重ねていく方が，子どもたちの意欲を高め，表現力が育成されることは間違いありません。

奇数グループと偶数グループに分けて実験しよう！

　例えば，6年「燃焼の仕組み」で，酸素を集めた集気瓶に火のついたろうそくを入れて激しく燃やす実験は，あっという間に終わります。繰り返して実験するには，時間だけでなく多くの酸素も使わなければならず不経済です。

　そこで，まず，奇数グループ（1・3・5・7・9班）が実験し，その様子を偶数グループ（2・4・6・8・10班）も一緒に観察します。そして，簡単に話し合って観察の視点をさらに明確にしたうえで，偶数グループが実験し，その様子を奇数グループも観察します。

　この工夫によって観察・実験の機会が2倍となり，グループでの話し合い活動を活性化させることができます。

授業全般

11 観察の視点をどう引き出したらいい？

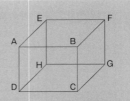

　右の図は直方体の見取図なのですが，視点の当て方によってその認識は変化します。まず，面ABCDが左下に飛び出るように，次に面EFGHが右上に飛び出るように見てください。一度見えてしまえば，どちらの直方体を見るか，自由自在にできるはずです。
　理科の観察も同じことが起こっています。視点の当て方によって，観察対象の認識が変わってしまうのです。

絵を比較させよう！

　子どもたちがかく絵には，見たままを表現したのではなく，自分が知っていることや，認識していることを表現したものが多く含まれており，「知的リアリズム」と呼ばれています（p.30参照）。子どもによって認識にはズレがありますので，子どもたちがかいた絵を比較させることによって，観察の視点を引き出すことができます。
　例えば，どの子でもチューリップを知っています。ところが，知っているはずのチューリップの絵をかかせると，一人ひとり違うのです。

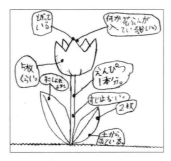
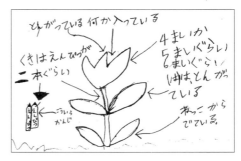

予想のチューリップをノートにかけた子から，黒板にもかいてもらいます。すると，子どもたちは絵と絵を比較し始めます。そこで，どのチューリップが一番本物に近いか一つだけ選ばせます。そして，選んだ理由を発

```
花 ・花びらは何枚か？
   ・どんな形をしているか？
葉 ・葉は何枚か？
   ・どんな形をしているか？
   ・すじはあるのか？
   ・茎のどこから出ているか？　　など
```

表してもらうと，右上のような「観察の視点」が少しずつはっきりしていきます。視点が明確になれば，子どもたちの観察意欲は高まります。

実際に観察すると，今まで見えなかったことが見えてきます。そして，普段目にしているチューリップに，子どもたちは驚きます。当然，その後にかいたチューリップの絵は激変します。

2 種類を育てよう！

(1)モンシロチョウとカイコを育てる

3年「昆虫と植物」の学習では，モンシロチョウとカイコを比較しながら飼育しています。すると，ある子の気づきが観察の視点と

なり，類似点や差異点が少しずつ明確になっていきます。そして，幼虫の体も成虫と同じように「頭・胸・腹」の3つに分かれることを発見するのです。

(2)内緒で別の植物の種をまく

植木鉢にヒマワリの種をまいた後，子どもたちに内緒でホウセンカの種をまいておきます。すると，ヒマワリよりも早く発芽して子葉が顔を出します。子どもたちはヒマワリだと信じて世話をするのですが，しばらくして大きな子葉が出てきます。子どもたちは，どちらがヒマワリの子葉か迷います。しかし，教科書で調べたり，友達と情報交換したりしながら，ヒマワリとホウセンカの成長を比較していきます。比較させることで，観察の視点が自然に明確になり，子どもたち同士で共有されることになります。

12 観察・実験の記録をどうまとめさせればいい？

授業全般

　理科の授業では，観察・実験の記録をまとめさせる場面がたくさんあります。基本的には絵（スケッチ）と事実のメモ，データのグラフ化，そして，短い文章でまとめることになるでしょう。
　しかし，「自由にまとめなさい」では，指導になりません。そもそも観察・実験の記録をまとめるという行為は，「観察・実験の技能」を高めるための重要な手立ての一つです。さらに，その後の分析・考察へとつなげるためにも，観察・実験の記録をどうまとめさせるかが重要です。

「絵（スケッチ）」でまとめよう！

　低学年の子どもたちがかく絵は，観察した対象を，客観的に表現したものではなく，自分が知っていることや認識していることすべてを表現したものが多く，「知的リアリズム」と呼ばれています。例えば，右の図のように，住んでいる家をまるでレントゲンで透視したように表現することは，よく見られることです。

　中学年ともなると，子どもたちがかく絵は，見たままを客観的に表現する「視覚的リアリズム」へと少しずつ移行していきます。
　ところが，知的リアリズムの傾向は，中学年になっても残っているのが普通です。ですから，子どもにとって"見たままをかく"ことは難しく，右上の写真のように不完全なものになりがちです。

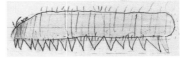

　そこで，一度教科書の絵や写真を見ながらノートに写させます。すると，

第1章 これだけは身につけたい指導の技45

「え？　前と後ろのあしの形が違う！」
「あしは全部で16本なんだね」
といった気づきが生まれ，本物を見ると，見えなかったことが見えてきます。
立体（本物）から平面（絵）にする前に，平面（絵 や写真）から平面（絵）というステップを入れる と，子どもたちの気づきは格段に多くなります。

言葉でまとめよう！

　"言語活動の充実"の名のもとに，結果まで文章でまとめさせようとする授業が目立ってきました。言語化することは大切ですが，作文が苦手な子にとっては苦痛です。

　そこで，観察・実験しながら，その様子をまず絵にかき，そこに矢印を引いてメモを短い言葉で記録させていきます。そのときには，例えば，「メモを５個以上書きなさい」と具体的な数を指定した指示を出し，グループで相談しながら書かせていくとよいでしょう。

表やグラフにまとめよう！

　右の表は，水を冷やしたときの温度変化を表にまとめたものです。しかし，表に数値を並べただけでは，水の温度がどのように変化していくのかわかりません。そこで，折れ線グラフにまとめます。すると，温度変化の様相がはっきりと見えてきます。ICT機器を使って各班のグラフを重ねることができれば，全体的な傾向はさらにはっきりしてきます。もちろん，グラフ用紙にまとめる作業を子どもが経た後にです。

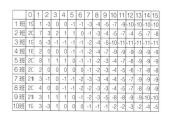

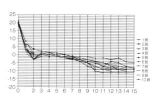

13　授業全般

子どもの理解を深める「ものづくり」の指導とは？

　各社の教科書を見ますと，特に中学年の単元で「ものづくり」の活動が多く設定されていることがわかります。例えば，3年「昆虫の模型づくり」「風・ゴムで動くおもちゃづくり」「電気・磁石をつかったおもちゃづくり」，4年「水でっぽうづくり」「ソーラーカーづくり」「人体模型づくり」などです。
　ものづくりの中で子どもたちは，様々な問題に遭遇することになります。試行錯誤しながら問題を解決していく過程で，学んだことを適用・活用します。ここでは，4年「人の体のつくりと運動」の事例を紹介します。

「スケルトン・グローブ」をつくろう！

(1)手の骨は何本でできているか？

　人の手を撮影したレントゲン写真の映像をプロジェクターでちょっとだけ見せてすぐに消し，次のように発問します。
　「手の骨は何本あったでしょうか？」※手首の骨以外
　子どもたちは，自分の手にふれながら手の骨の本数を数えます。しかし，はっきりわかりません。そこで，先ほどのレントゲン写真の映像を印刷して子どもたち一人ひとりに配り，手の骨を数えさせます。正解は，19本です。

(2)「スケルトン・グローブ」をつくろう

　調理用のビニールの手袋（Sサイズ）に，骨に見立てたストローを19本貼りつけて，右のような「スケルトン・グローブ」をつくります。子どもたちに完成品（右の写真）を見せて，つくり方を説明します。

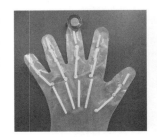

①手袋を左手にはめ，指を曲げて関節の場所にシールを貼る。
②関節と関節の間の長さに合わせてストローを切り，セロテープで貼りつけていく。
③時々手袋をはめて指を曲げ，ストローの骨の長さが合っているか確かめる。

「腕の筋肉モデル」をつくろう！

続いて，「腕の筋肉モデル」づくりをします。材料は，割り箸（2膳）と傘用のビニール袋，ストロー（2本）です。

つくり方は，以下の通りです。
①割り箸を腕の骨に見立て，2膳を輪ゴムでゆるくとめて関節にする。
②筋肉に見立てた筒状のビニール袋をセロテープで骨にとめ，もう片方にはストローを入れる。
③ストローをくわえてビニール袋に息を入れると膨らんで長さがちぢみ，割り箸の骨が動く。

「スケルトン・グローブ」や「腕の筋肉モデル」をつくりながら，子どもたちは，自分の手の骨の位置や長さ，関節の位置を確かめていきます。時にはやり直さなければなりません。

ものづくりの過程で，単に知識を覚えることとは違った深い学びが成立するのです。

〈参考文献〉
・森田和良『秘伝　森田和良の理科教材研究ノート』（学事出版）

授業全般

14 「安全指導」の基本とは？

理科の授業では，様々な実験機器，教材，教具を使用します。その中には，使用方法を誤れば，子どもたちにとって危険な物，すぐに壊れてしまう物が含まれています。例えば，アルコールランプや実験用ガスコンロ，化学薬品，棒温度計，ガラス器具，顕微鏡…など，実にたくさんあります。
　ところが，安全指導や使用方法だけを切り取って指導しようとすると，子どもたちにはなかなか定着しません。指導される内容のそれぞれの意味や目的が，不明確であるからです。では，どうしたらよいでしょうか。

安全指導のために

(1)必要のない物をしまわせる

　観察・実験を始める前には，必要のない物すべてを机の下にしまわせます（p.14参照）。机の上を広く使えるだけでなく，ビーカーや試験管立てなどのガラス器具を倒したりするリスクが下がります。火気を使用するときは，記録用のノート以外をしまってしまえば，引火する恐れもなくなります。

(2)子どもたちを教卓に集める

　多くの理科室は，普通教室よりも広く設計されています。そのため，教師の指示・発問・説明がなかなかつたわりにくいものです。そこで，子どもたちを教卓の周りに集め，観察・実験の仕方を指導してみましょう。子どもたちの集中力を高めることができるうえに，実験機器や教材，教具を教師が実際に操作するのを直接見せながら安全指導ができます。

(3) **実物，黒板を使う**

　最近，ICT機器の導入が足かせになり，実験の仕方や安全指導を映像で済ませてしまう授業が出てきました。しかし，映像だけでは安全指導の目的は達成できません。情報が次々と消えていってしまうからです。

　実験機器を実際に教師が操作して子どもたちに見せ，後からも確認できるように，板書してその情報を残しておくことが基本です。

(4) **立って観察・実験させる**

　観察・実験は，立って行うのが基本です。何か危険なことが起きたとき，すぐに逃げられるだけでなく，様々な方向から現象を観察することもできます。椅子は，机の下にしまわせることも習慣化させておきましょう。

安全指導の必要感を高めよう！

(1) **「使いたい」という思いを高める**

　ペットボトルに入れた水道水の温度当てゲームをします。ヒントとして，室温を子どもたちにつたえておきます。水に指を入れて確かめた子どもたちは，かなり低い温度を予想します。

　当然，子どもたちから温度計を貸してほしいという要望が出ます。そこで，「教科書を読んで，グループ全員が正しく使える自信がもてたら貸します」と伝えます。子どもたちは，意欲をもって調べ，話し合います。数分後，子どもたちを教卓に集めて，質問に答えてもらいながら使い方について指導した後，温度計を子どもたちに貸します。温度計で実際に水道水の温度を計ると，室温とほとんど違いがなく，子どもたちはびっくりします。

(2) **問題解決の過程に組み込む**

　2個の乾電池をつないだ直列つなぎと並列つなぎの回路づくりでは，誤ってショート回路になってしまえば火傷の恐れがあります。

　そこで，次の発問で，ノートに乾電池2個のつなぎ方を考えさせます。

　「乾電池2個をモーターにどうつなぎますか？　3通り考えなさい」

　必ずショート回路が出てきます。その事実をもとに，安全指導をします。

授業全般

15 理科授業の「板書」の基本とは？
～導入部～

　観察・実験に時間がとられてしまうためか，板書が大切にされていない理科授業が意外に多いように思います。板書は，単なる授業記録ではありません。子どもたちが学習を進め，理解を深めていくための重要な資料なのです。その意味で，授業における板書術は，理科に限らず教師が身につけなければならない重要な能力です。
　授業の導入部の板書は，子どもたちの問題意識を高める工夫が必要です。どのような板書の工夫があるのでしょうか。

「問題」を板書しよう！

　授業が始まってすぐ，本時の「問題」が板書されることがあります。しかし，問題解決的な授業の場合，教師から投げかけられた「問い」によって，子どもたちの問題意識が高まってから，その授業で解決すべき「問題」を板書するのが自然の流れです。
　まず注意することは，「問題」として板書する言葉は，子どもたちの活動自体を表現した「めあて」的な表現を，できるだけ避けることです。例えば，
　「昆虫の体のつくりを調べよう」
　「一日の気温の変化を調べよう」
といったものです。この場合，調べた後に何を「まとめ」として書いてよいのか，子どもたちにはとってもわかりにくいのです。大切なことは，調べた結果と考察にもとづく最終的な結論（答え）です。
　そこで，
　「昆虫の体のつくりは，どうなっているか？」
　「一日の気温は，どのように変化していくか？」

と問います。そうすれば，その問題に整合した「答え」をどう書けばよいのかが明確になるはずです。

子どもの予想の言葉を板書しよう！

　本時の問題を確認した後，予想の話し合いに進みます。そのときに子どもたちが発表した情報は，すべて板書しておくことが基本です。授業の終末での考察場面で，その情報が必要となるからです。

　そのときに注意することは，子どもの言葉をそのままの表現で板書することです。ここで，子どもの発表の意味がわからず，

　「それは，こういうこと？」

と，教師が勝手に要約した言葉を板書してしまうと，子どもたちの言葉の力を鍛えることはできません。まして子どもが教師の言葉を否定するには，かなりの勇気がいるものです。そこで，

　「誰か，別な言葉で表現できる人はいませんか？」

と他の子どもたちにふれば，

　「先生，Aくんはこういうことを言いたいんじゃないの？」

と，別の表現で発表できる子が成績上位者の中にはいるものです。その言い換えが違っていても，その相手が子どもであれば，Aくんも「違います」と否定しやすいはずです。そして，Aくんも含めた，子どもたちが理解できる言葉を板書するのです。

　最初は時間がかかるものの，子どものわかりにくい表現を，みんなが理解できる表現に言い換える話し合いは，子どもたちの言語力を鍛えるうえで，重要な言語活動です。慣れてくると，教師が何も言わずとも，子どもたちが様々な表現に言い換えてくれるようになっていくはずです。

　もしも，思うように子どもたちから必要な情報を引き出すことができない場合は，

　「去年の〇年生は，こんな理由も発表していましたよ」

と紹介し，終末部の考察場面で必要となる情報は必ず板書しておきましょう。

授業全般

16 理科授業の「板書」の基本とは？
〜展開部〜

　授業の展開部の板書は，予想に対する自分の立場をはっきりさせることと，解決するための具体的な方法，実験結果の見通しを明確にする工夫が必要となります。

　自分の立場を明確にする方法の一つとして「自信度チェック」を紹介します。また，実験の方法や結果の見通しを明確にするために，実演と板書を組み合わせた方法を解説します。

「自信度」を板書しよう！

　予想の話し合いが終わったら，子どもたちの自信度をチェックします。右の表を板書します。この授業では，子どもたちの予想がA〜Dの4通りに分かれています。そして，「ぜったい」「たぶん」「ひょっとしたら」の3段階に自信度を分け，番号カードを貼りつけてもらいます。

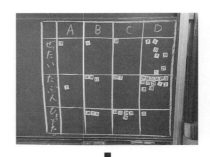

　実験が終了したら，自分のカードを貼り替えてよいことを子どもたちにつたえます。すると，この授業のときには，右のように変化しました。しかし，「たぶん」「ひょっとしたら」に多くの子どもたちが残っていることから，子どもたちが納得していないことがわかります。

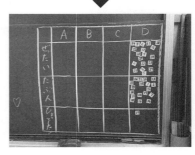

　この後，実験の結果からどのようなことが考えられるかを話し合います。

第1章　これだけは身につけたい指導の技45

友達の話を聞きながら，番号カードを自由に貼り替えさせていきます。すると，子どもたちの自信度は少しずつ上がっていきます。番号カードを貼り替えるという行為は，発表した友達に対してプラスの評価をしていることです。さらに，自己評価も同時にしていることであり，その変化をリアルタイムに教師も子どもも知ることができます。

「実験の方法」を板書しよう！

　黒板や映像だけで実験の方法を説明しても，いざ実験しようとすると，うまく操作できないことが多いものです。回路図をかいたとしても，実際に乾電池やモーターをつなぐことが難しいのと同じです。

　安全指導を含めた実験方法を子どもたちに説明するときには，実験道具や機器を子どもたちの前で実際に操作しながらするのが原則です。電子黒板を使った画像と言葉の説明だけでは，実験方法はよくつたわらないのです。

しかし，その情報は，時間の経過とともに消えていきます。後から確認しようとしてもできないのです。そこで，具体的な操作を見せることに加え，その手順を絵や文字で板書すれば，子どもたちが忘れた情報を確認することが可能となります。

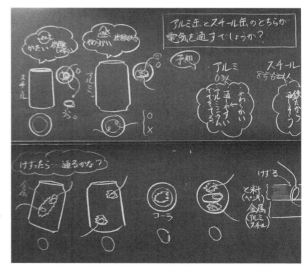

　右の板書は，アルミ缶やスチール缶が電気を通すか調べる実験方法を板書したものです。

17 理科授業の「板書」の基本とは？
～終末部～

授業全般

　授業の終末部の板書は,
　・「結果」の記録
　・「結果」にもとづく考察のプロセスを明確にする工夫
が必要となります。
　ここでは,「結果」を子どもたちに時間差をつけて板書させることによって,自己評価・相互評価の指導的な機能を高める方法,そして,最後のまとめ（問題の「答え」）の板書の仕方を解説します。

観察・実験が終わったグループから「結果」を板書させよう！

　下の写真は,3年「物と重さ」の「形をかえても,ねん土の重さはかわらない」ことを確かめる授業の板書です。

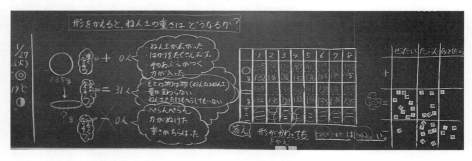

　ここでは,団子型のねん土をピザ型に形をかえると,重さはどうなるかを確かめる実験をしています。実験が終わったグループから,黒板にかいた表に五月雨式に記録させていきます。すると,他のグループとは違った結果を記録したグループが,
　「あれ,なんだかおかしいよ。もう一回確かめてみようよ」

と，再実験を始めます。子どもたちが気づかなければ，机間指導のときに，「何かおかしいことに気がつかない？」と表を示しながらゆさぶります。

　このように，時間差をつけて実験の結果を板書させることによって，他のグループの結果と自分のグループの結果を比較することになり，他のグループの結果の評価，さらには，自分たちのグループの結果に対する自己評価につながっていきます。

問題の「答え」を板書しよう！

　前ページの板書の場合，問題は「形をかえると，ねん土の重さはどうなるか？」でした。この問題に忠実に答えるならば，その答えは「形をかえても，ねん土の重さはかわらない」となります。

　ところが，導入部で設定した問題とは違う答えを書かせようとする授業が少なくありません。例えば，「ねん土は，形をかえても重さはかわらない」と，主語と述語を離した表現で答えを書かせようとすると，特に中学年の場合，なかなか表現することが難しい子が出てきます。

　また，「形をかえても，ねん土の重さはかわりません」と，結果をそのまま表現した「答え」を板書しただけでは，実感が伴った理解には至りません。どうしてその結果が出てきたのか，考察場面で話し合った情報をつけ加える必要があります。

　ここで，導入部の予想で板書した，子どもの言葉が生きてきます。つまり，結果は「重さはかわらない」でしたので，その予想に書かれている「ねん土をたしてもへらしてもいない」「ねん土の量はかわらない」を理由として答えに加筆するのです。すると，

　「形をかえても，ねん土の重さはかわらない。理由は，ねん土をたしてもへらしてもいないので，量はかわらないから」
と，確認した「事実」にもとづいた「解釈」がつけ加わったバージョンアップした「答え」をまとめることができます。

18　「結果」と「考察」の違いを区別させる工夫とは？

授業全般

　最近の教科書には，問題解決の過程が示されていることが多くなりました。
　例えば，ある教科書には，
　「話し合い→実験→結果→考察→まとめ」
といった問題解決の段階が示されています。話し合いを経て，問題を明確にし，実験して確かめることまではよくわかります。問題は，その後です。
　「結果」「考察」「まとめ」とは，それぞれどのような意味なのでしょうか。そして，授業の中でどのような活動をすることなのでしょうか。

「結果」と「考察」の違い

　「結果」とは，観察・実験によって得られた事実（データ）のことです。「考察」とは，事実をもとに深く考えることです。

　例えば，金属板の温まり方を調べる学習（4年「物の温まり方」）で，金属板にろうを塗り，ある箇所を熱したときにろうがどのようにとけるかによって，熱のつたわり方を調べる実験があります。

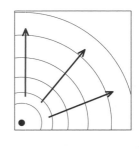

　子どもたちのノートには，右のような図がかかれます。このとき，かかれた矢印には，2つの意味があります。まず，塗ったろうが，同心円状に矢印の順番でとけていったという実験の結果（目で確かめることができた事実）の記録です。もう一つは，熱が矢印の順番にとけていったという考察（事実をもとに考えた解釈）に関する記録です。

　つまり，この図について，子どもたちが説明しようとしたとき，「熱したところから順番にろうがとけていった」（結果）と「金属は，熱したところ

から順番に熱がつたわっていく」(考察)が混在してしまうのです。

「アイマーク」と「ハートマーク」

そこで、実験が終わり、実験の結果を確かめようと話し合いを始めるときには、

「みんなが目で見たことだけを発表しましょう」

と指示します。熱は目で見えませんから、子どもの説明は"ろうがとける様子"の見た事実だけに限定されることになります。その後、

「ろうがこのようにとけていったということから、どのようなことが言えますか?」

と発問します。すると、今度は目に見えない熱のつたわり方について、子どもたちは説明してくれるはずです。

例えば、右の表を使って情報を教師が整理する方法があります。上段(アイマーク)に観察できた結果(事実)を板書し、下段(ハートマーク)には事実に対する自分の考え(解釈)を板書します。

ここの指導で大切なことは、表に書き込まれた事実と解釈をセットで選ばせ、最終的に答え(結論)をどうまとめるかを話し合わせることです。言葉の取捨選択を含めた話し合いこそが、重要な考察場面となります。

一例ですが、次の答え(結論)がまとまります。

「ろうが火に近い方から順にとけていった。だから、熱も火に近い方から順につたわっていたことがわかった」

そもそも、結果と考察というものは、実験結果の収集と同時進行に頭の中に出てくるものです。だからこそ、結果と考察・結論をきちんと分け、互いの関係を明確にしながら話し合うことが必要です。それが、理科学習で求められる科学的思考にもとづく「科学的な表現」と言えます。

授業全般

19 子どもの理解を深める「まとめ」とは？

　授業が「楽しかった」と子どもたちは口にするものの，テストしてみると，ほとんど理解されていない事実を突きつけられ，愕然としてしまうことはないでしょうか。その一つの原因が，授業の終末部の「まとめ」の甘さです。
　授業の終末部の「まとめ」は，学習内容の定着はもちろん，子どもの理解を深めるために極めて重要な場面です。単なる実験結果の確認だけでなく，その背景にある科学理論を加味しながらまとめる必要があります。
　では，どのような「まとめ」が，子どもの理解を深めるのでしょうか。

問題の「答え」をまとめよう！

　6年「物の燃え方と空気」の学習で，次のような「問題」が設定されたとします。

　問　題　物が燃えると，空気中の気体の体積の割合は，どのようになるだろうか。

　この問題に対する「まとめ」が，次のようだったらどうでしょうか。

　まとめ　ろうそくや木などが燃えると，空気中の酸素の一部が使われて，二酸化炭素ができる。

　「割合はどのように変化するのか？」と聞いているにもかかわらず，まったく違う「まとめ」が記されています。正確に「問題」に答えるとするならば，次のような「答え」になるはずです。

　答　え　物が燃えると，空気中の気体の体積の割合は次のようになる。
　　　　　酸素は，約21％から約16％にへる。
　　　　　二酸化炭素は，約0.04％から約4％に増える。

　このように，「答え」は，「問題」で使われている言葉をできるだけ使って

表現することが基本です。この原則を守って授業を積み重ねていけば，文章を書くことが苦手な子どもたちも，板書されている「問題」「予想」「結果」の言葉を取捨選択しながら，正確に「答え」を表現できるようになっていきます。

　どのように「答え」を表現するかを考えること，それも「まとめ」と言えるでしょう。

「解釈（ハートマーク）」を加えてまとめよう！

　「17　理科授業の『板書』の基本とは？〜終末部〜」（p.40参照）で解説したように，予想に対して子どもたちが考えた「理由」をつけ加えて「答え」をまとめることもあります。
　例えば，3年「物と重さ」の学習で，
　「問　題」　形をかえると，ねん土の重さはどうなるか？
という「問題」の「答え」は，次のようになります。
　「答　え」　形をかえても，ねん土の重さはかわらない。
　しかし，これでは，実験の結果（事実）を，言葉に置き換えただけにすぎません。形をかえても重さがかわらない理由がはっきりしていないのです。
　そこで，導入部の予想で板書した子どもの言葉が必要となります。予想の「重さはかわらない」の理由として板書しておいた「ねん土をたしてもへらしてもいない」「ねん土の量はかわらない」を理由として答えに加筆し，次のように表現します。
　「形をかえても，ねん土の重さはかわらない。理由は，ねん土をたしてもへらしてもいないので，量はかわらないから」
　これで，確認した「事実」（アイマーク）にもとづいた「解釈」（ハートマーク）がつけ加わった「答え」がまとまりました。
　いずれにしても，「まとめ」として書かせたい言葉（情報）は，必ず板書されていることが基本となります。板書していないにもかかわらず書くことを子どもたちに要求することは，酷なことなのです。

授業全般

20 情報が正確につたわる「指示・説明」の仕方とは？

　授業中に教師が発する言葉は，大きく分けて「発問・指示・説明」の3つに分けることができます。観察・実験，ものづくりといった活動や作業が伴う理科の授業では，特に「指示・説明」の情報を正確に子どもたちにつたえることは，授業の成否を決める重要な要素となります。
　では，授業を支える基本的な情報を正確につたえるためには，どうすればよいのでしょうか。
　教育技術的な視点から，その基本と応用を解説します。

「指示・説明」の基本

(1) 手に持っている物を置かせる

　発達段階にもよりますが，子どもは手に物を持っているときには，人の話をほとんど聞いていません。全員に情報を確実につたえたいときには，「手に持っている物を一度置きなさい」と指示し，全員が置いたことを確認してから「指示・説明」をすると効果的です。

(2) 理由をつたえる

　「集まりなさい！」と，号令のように行動のみを示しただけの指示では，活動への動機づけが高まりません。例えば，「実験の説明をします。先生の机の周りに集まりなさい」のように，行動の理由を加えて指示するように注意しましょう。単に「集まりなさい」と指示するよりは，子どもたちの動きは違ってくるはずです。

(3) 終わったら何をするのか示しておく

　観察・実験をすれば，早く終わる子（グループ）が必ず出てきます。すると，その子どもたちには空白の時間が生じます。何もすることがないと，基

本的に子どもたちは騒ぎ、遊び始め、トラブルを引き起こす原因となります。観察・実験を早く終えたら何をしているか、活動を始める前に指示しておけば、空白の時間を埋めることができます。

例えば、「実験が早く終わったグループは、ノートをまとめます」のようにです。

(4)教卓の周りに子どもたちを集める

理科室は普通教室より広く、子どもたちの集中力は散漫になりがちです。観察・実験の仕方など、確実に情報をつたえなければならないときには、教卓の周りに子どもたちを集めて説明しましょう。子どもたちのつぶやき、表情、仕草なども把握しやすくなります。

「指示・説明」の応用

子どもが嫌うのは、教師の「長い・遅い・くどい」話です。まず、次の3つに注意して「指示・説明」してみましょう。

(1)一つの文に一つの活動を

「まず、…をして、次に…について友達と話し合い、…」と、だらだらと話すのではなく、「まず、…をします。次に、…について友達と話し合います」のように、一つの文に一つの活動が入るように短く話せば、心地よいリズム感が生まれ、わかりやすい「指示・説明」になります。

(2)少し早口で話す

ゆっくり話せばわかりやすいかというと、そうとは限りません。子どもが好むテンポは、大人よりも少し早いのです。「少し早いかな？」と思うくらいのスピードで話してみましょう。

(3)繰り返さない

「指示・説明」の後、子どもたちから質問を受けつけます。そのとき、すでに指示・説明した内容であれば、「さっき言いました。友達に聞いてください」と「指示・説明」を繰り返しません。繰り返しは、きちんと聞いている子にとっては無駄な情報なのです。

授業全般

21 理科の「評価」はどうすればいいの？

> "指導と評価の一体化"の言葉が示す通り，「評価」は指導の一形態として機能させることに意味があります。
> そのためには，様々な評価の種類や特性を理解したうえで，それぞれを関連づけなければなりません。
> ここでは，子どもの情報を客観的にとらえようとする「受信型の評価」ではなく，子どもの評価を指導として発信する「発信型の評価」を解説します。

「相互評価・自己評価」の指導的機能を高めよう！

　授業の問題解決場面の中で「相互評価・自己評価」させるためには，子ども一人ひとりが自分の考えをもっていることが前提です。自分の考えと他者の考えを比較することによって，自分の考えを客観的に評価（モニタリング）しようとする必然性が生まれます。その結果，自分の考えを修正・付加・発展（コントロール）しようとするわけです。

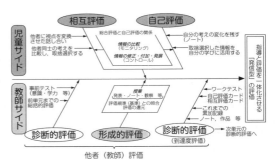

「評価」特性要因図（フィッシュ・ボーン）

　例えば，メダカの卵を，解剖顕微鏡を使って観察し，スケッチしたとします。同じ卵を観察したはずにもかかわらず，友達と自分がかいた絵を比べてみると，様々な違いがあることに子どもは気づきます。そこで，もう一度観察し直してみると，今まで見えなかったことが見えてきて，メダカの絵はより客観的なものへと修正されていきます。

実験の計画や結果をまとめるときには，グループに次の指示を出します。
「いいアイデアを2班が考えていたよ。聞いてきてごらん」
「5班は，君たちとは違う実験結果が出たよ。話し合ってきてごらん」
つまり，「教師から子どもへ」「子どもから教師へ」に加え「子どもから子どもへ」という情報の伝達を重視した指導が効果的です。このような「子どもから子どもへ」の情報発信を重視した相互評価・自己評価は，授業の終末部でカードに記入させるものとは違い，問題解決場面でリアルタイムに指導として機能させることが可能です。

指導の事実から子どもの姿を読み取ろう！

個に応じた指導をしようとするとき，教師は積極的に子どもにかかわろうとします。ここで思うのは，個にかかわるためには，その子の学習活動に対する教師の評価が前提にあるということです。

例えば，「Aくんがその実験の方法を考えたの？　それはすごい！」という教師の子どもへの言葉かけは，その前にその子を評価したからこそ発せられたものです。ここでの教師の評価は，子どもに還元されると同時に，「賞賛」という指導に変化させたと言えます。

そこで，「誰に，どんな指導をしたか」を授業後に思い出し，授業の評価基準に照らし合わせながら記録してみます（右の図参照）。

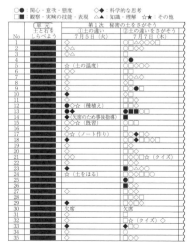

子どもの事実を受信することにエネルギーを注ぐ「受信型」の評価に比べれば，教師である自分が「誰に，どんな指導をしたか」を想起することは容易なはずです。どの子にどんな指導をしたかという発信的な意識を教師がもつことで，子どもの姿を的確にとらえることのできる高性能のアンテナを教師は手にできるはずです。

22 授業全般

校外学習で注意するポイントとは？

> 理科授業における学習の場は，野外での観察や施設見学など，校外になることが少なくありません。校外学習では，理科室や普通教室で授業するときとは違う注意する様々なポイントがあります。もちろん，学校の環境や地域の実情によって若干の違いはあるでしょうが，基本となるポイントは同じです。
> 　ここでは，単元における校外学習の位置づけ，さらに，校外で学習するときに大切になるポイントについて解説します。

演繹的な思考が基本！

　かつて多くの教科書では，6年「大地のつくり」の地層見学を単元導入部に位置づけていました。しかし，現在の教科書を見ていただくとわかる通り，地層見学は単元の終末部に位置づけられています。

　例えば，社会科でも，自動車工場や清掃工場などの見学学習が行われていますが，出かける前までに見学先のことについてかなり詳しく学習するはずです。その学習の結果，どのようなことを確かめてくるか，あるいはどのようなことを質問するかという見学の視点が明確になってきます。

　ところが，見学の視点が不明確であれば，見学したときの事実は漫然と通りすぎるだけで，事実は"あれども見えず"となり，認識すらできないかもしれません。まして，その事実をもとに自分の考えをもつことはさらに難しいことです。海外旅行についても同じことが言えます。何の下調べもせずに出発すれば，普通の人なら楽しめません。"ぶらり旅"ができるのは，旅行の上級者に限られるものであり，これまでの経験の蓄積が，旅行をより楽しませてくれる視点として成立しているのです。

　理科の学習も同様です。"真っ白い心"で対象を認識することは，不可能

に近いことなのです。地層見学，川の観察などは単元の学習をある程度終えてから学んだことを実際の自然の中で確かめる展開にすれば，子どもたちには，これまで見えなかった事実が見えてくる実感をもたせることができるでしょう。

ただし，学校の近くに見学場所があったり，かけられる授業時数に余裕があったりするのであれば話は別です。最初に見学して問題をつくり，その後校内で学習を進め，その後に学んだことを見学して確かめる展開にすれば，子どもたちの理解はより深いものになるはずです。

子どもたちの安全を確保しよう！

校外学習では，グループ単位での活動が基本となります。「09　グループで活動させるときに注意することは？」（p.24参照）で紹介した，「基本ルール」「グループ編成」「グループ内の役割分担」を明確にしておきましょう。さらに，次の点にも注意が必要です。

(1)引率教師の確保

担任だけでは子どもたちの安全確保が難しいことがあります。担任以外に引率者が必要か，管理職に必ず確認しましょう。

(2)安全指導の徹底

活動をスタートさせる前に，次の点について子どもたちに必ず指示しておきましょう。

- けがをしたらどうするか？（連絡方法，先生はどこにいるかの情報）
- 何時までにどこに集合するか？（他の団体や人に迷惑をかけない場所）
- 行ってはいけないところはどこか？
- してはいけないことは何か？（事前に施設のルールを確認）

(3)保護者への連絡

特に，雨具の準備や，履き物や服装については，子どもたちの安全を確保するためにも，保護者の方の協力が必要です。学年・学級通信などで連絡し，協力を求めましょう。

授業全般

23 宿題の効果的な出し方とは？

> 理科に限ったことではありませんが，子どもたちにとって，宿題が過重な負担になってはいないでしょうか。今の時代，塾や習い事に通っている子どもたちも少なくありませんから，必要最小限の量にとどめる必要があります。
> もちろん，計算練習や漢字練習のように，習熟を目的とした訓練的な宿題はやむを得ません。しかし，理科の宿題の場合は，子どもたちの知的好奇心を高め，普段の授業につながるようにしたいものです。

子どもたちに過重な負担をかけない宿題

(1) 短時間で終わる宿題

　子どもたちは，理科だけを勉強しているのではありません。また，それぞれの家庭でも宿題に対する考え方はまちまちです。保護者の理解を得るためにも，子どもが普通にがんばれば15分程度で終えられる量にしましょう。

(2) ノートにまとめなくてもよい宿題

　ノートに書かせるだけが宿題ではありません。理科の場合は，視覚，聴覚，嗅覚，触覚，味覚といった諸感覚を働かせる宿題を出すことが可能です。
　例えば，家で調べてくる次のような宿題です。
　「家の近くに咲いているサクラの花びらを，１枚持ってきましょう」
　「チューリップの花のにおいは，何に似ているでしょうか？」
　「テレビやCDプレーヤーなどの音が出るところにさわってきましょう」
　子どもたちは，家で調べる活動を通して，様々な気づきをもって学校にやってきます。授業の中で調べてきたことを紹介し合いながら，その授業で解決すべき問題を設定していきましょう。

(3) 絵（スケッチ）をかく宿題

　文章を書くことが苦手でも，絵をかくことには抵抗が小さい子はいるものです。また，授業中に，絵をかく活動を入れると，かなりの時間がかかってしまうこともあります。宿題として絵をかかせておけば，効率化も図れます。
　「タンポポの葉はどんな形でしょうか？　ノートに絵をかいてきましょう」
　「豆電球に乾電池2個をつなぎます。どんなつなぎ方があるでしょうか？絵にかいてきましょう」

家で実験する宿題

　安全であれば，家で実験する宿題を出します。

(1) お風呂で実験

　4年「物の体積と温度」の学習では，温度による物質の体積変化について学習しますが，子どもが納得するまで繰り返し実験する時間を確保するのが難しいのが実情です。そこで，学校で実験した後，家でも確かめる宿題を出します。試行錯誤しながら実験することで，子どもたちは様々な気づきをすることになります。
　「ペットボトル（500mL－炭酸飲料）の飲み口に石けん膜をつくって，一緒にお風呂に入ってみましょう。石けん膜はどうなるでしょうか？」

(2) 台所で実験

　4年「水の3つの姿」の学習では，水の温度変化に伴う状態変化を観察します。次の宿題を出すことで，子どもたちは様々な情報をもって次の授業に参加するため，活発に発表してくれます。
　「お家の人が鍋でお湯を沸かすとき，水にどんなことが起こるでしょうか？」
　宿題を出したら，必ずチェックします。そうすれば，忘れる子は少なくなっていくものです。しかし，宿題を忘れる子がいるのも，自然なことです。家庭の実態によっては，宿題をしてくることが期待できないこともあるでしょう。しかし，たった一人でも宿題をやってくる子がいるなら，その子の情報を，授業に生かすことができるはずです。

アイテム活用・環境整備

教科書を有効に活用するには？

　教科書とは、「教科書の発行に関する臨時措置法」第二条において定義されている通り"教科の主たる教材"で、正しくは「教科用図書」と言います。
　学校教育法第三四条では、教科書の使用義務が明記されています。つまり、授業の中で使わないと、法令違反ということになります。
　では、教科書を、どのように活用すればよいのでしょうか。ここでは、教師と子ども、それぞれの教科書活用法について紹介します。

教科書活用の基本的な考え方

(1)いつ見てもよい

　教科書は、子どもたちが無理なく学習を進められる工夫が取り入れられています。ですから、教科書をいつ見てもよいことにしましょう。授業前に「答え」がわかったとしても、観察・実験によって子どもたちが目の当たりにする事実は、その知識を超えるものです。感動が損なわれることはありません。

(2)教科書の実験で授業する

　普通、一般校では業者テストを使用しています。採用に当たっては、使用している教科書に合わせたテスト（教科書準拠）にしているはずです。仮に、教科書とは違う実験方法が載っている他の教科書準拠のテストをすると、正答率がかなり下がります。実験方法や使用する素材、教材が違ってしまうと、同じ理論を適用できなくなってしまうのです。このような現象を「領域固有性」と言います。まずは、教科書と同じ実験方法で授業をすることを基本としましょう。

教師と子どもの教科書活用法

　教科書の活用には，２つの立場があります。教師が活用する立場と子どもが活用する立場です。

(1)教師の教科書活用法

　教科書には，授業をするうえでの「発問」が実際に書かれています。書き出してみると，授業の流れがほぼ理解できるはずです。単元展開の構造が理解できたなら，実際に指導する子どもたちの実態に応じて発問を修正します。

　また，日常の指導においても，次のような思いついたことや気づいたことを，自分用に購入した教科書に自由に書き込んでいくと便利です。

- ●指示・発問・説明　　　　　●簡単な板書計画
- ●「教えるべきところ」「考えさせるべきところ」に下線
- ●準備物（教師と児童を分けて）　●子どもの活動の事実と名前

(2)子どもの教科書活用法

　「いつ見てもよい」のルールをさらに拡張し，理科の予習・復習に活用させることも可能です。予習として，事前に教科書を読ませておけば，子どもはこれからの理科の学習に期待を膨らませます。そして，教科書で知り得た情報をたよりに，身の回りの事物・現象に目を向けてくれるはずです。もちろん，この段階での子どものわかりは，「わかったつもり」です。しかし，その「わかったつもり」に子ども自身が気づき，授業の中でさらに深い理解に到達できたとき，本当の喜びと感動が味わえるはずです。

　そもそも，「知識を得る」ことと「わかる」ことは同じではありません。肝心なのは，インプットした知識と知識とを有機的に結びつけ，自分の考えをつくり上げていく過程で培われる，生きて働く知識・技能です。

　家庭学習のアイテムとして，教科書を積極的に活用しましょう。事前に教科書を読む宿題を出したり，授業の後にノートのまとめの資料としたり，その使い方は多様です。そして，教科書を使って教科書を超える授業ができるよう，私たち教師は教材研究をしなければならないのです。

アイテム活用・環境整備

25 「ノート指導」のポイントは？
～基本編～

> 直接経験が重視されている理科教育ですが、ノート指導へのウエイトが軽いかと言うと、そうではありません。人は「かく」ことによって思考し、自分の考えを顕在化することができます。とはいうものの、理科の授業では、観察・実験に時間がとられるため、ノートづくりに時間を確保することが難しいのが実情です。
> では、どのようにノート指導をすればよいのでしょうか。まず、ノート指導の「基本編」から解説します。

「ページ番号」を書かせよう！

年度初め、新しいノートを配ったときに最初にさせることが、すべてのページ番号を書かせることです。普通のノートなら1冊60ページになります。2冊目に入ったら、61ページからページ番号をふらせます。

ページ番号を先に書かせることで、途中でノートを破ってしまう子はほとんどいなくなります。また、ノートのページ数が少しずつ増えていくことが子どもたちのノートづくりの励みになります。宿題や自主的に調べたことも、ノートに書くように指導しましょう。

「日付・曜日・天気・温度・月の形」を記録する！

子どもたちが理科室に入ったら、まず、「日付・曜日・天気・温度・月の形」をノートに記録させます。まさに"継続は力なり"で、天気と理科室の温度を継続して記録していくことによって、温度計の扱いや計測の技能が高まります。また、天候と気温の関係、季節と気温の関係、さらに月の満ち欠けの順番など、これからの学習の布石となるはずです。

消しゴムを使わない！

　自分の考えの間違いに気づくと，その記録を消しゴムで消してしまう子がいます。自分の考えがどういう理由でどのようにかわっていったのか，その過程を記録することが大切であることを指導しましょう。そこで，消しゴムを使わせないことが，最も手っ取り早い方法です。まったく使わせないわけではなく，誤字の修正や図表などをかくときなどは当然使うことになりますが，思い浮かんだことをノートに書き出したり，情報同士を関係づけながら自分の論理をつくり上げたりするときに消しゴムを使うと，その都度思考はトーンダウンしてしまいます。「×（バツ）」か「＝＝（取り消しライン）」を書き込んで修正し，集中力を持続させることを優先させましょう。

まとめる量（ページ）を決めよう！

　1時間の授業で「1ページ」にまとめることを基本とします。2時間続きの授業であれば，「見開き2ページ」となります。決められたページを何とか埋めようと，絵を大きくかいたり，文字を大きく書いたりといった工夫をしていく過程で，子どもたちのレイアウト力が鍛えられていきます。

　また，真面目な女の子に多いのですが，観察・実験しているときになっても，「予想」の記録をこつこつ記録している子がいます。この子は，観察・実験に参加しているとは言えません。そこで，授業が進んでしまったら記録を諦め，必要となるスペースを空けて次の記録に進ませます。そうすれば，ノートの記録のために授業に参加できなくなることはなくなります。

ノートのまとめを宿題にしよう！

　理科では，観察・実験に時間がとられますので，授業の中だけで，すべての子どもにノートのまとめを要求するのは無理があります。そこで，残ったノートのまとめを宿題にします。授業を思い出し，教科書を見ながら空いているところに書き込んでいくのです。理科のよい復習の場となるはずです。

アイテム活用・環境整備

26 「ノート指導」のポイントは？
～応用編～

　基本編では，毎回の理科授業で欠かせないノート指導のポイント「『ページ番号』を書かせる」「『日付・曜日・天気・温度・月の形』を記録する」「消しゴムを使わない」「まとめる量（ページ）を決める」「ノートのまとめを宿題にする」をピックアップして解説しました。
　応用編では，子どものノート力をさらにバージョンアップさせる裏技を紹介します。

問題解決の過程（論理）をまとめさせよう！

　ノートにまとめるという作業は，問題解決の過程を記録することを意味しています。問題解決の過程は，論理的なプロセスであり，基本があります。
　例えば，「15個のみかんを，4人で等分します。できるだけあまりを少なくするように分けると，1人に何個ずつ配れて何個あまりますか？」という算数の問題があるとします。まず，解決するための見通しを立て，次に，何算で計算すればよいかを考え立式します。概算で見通しをもったら式の計算をします。すると，式の答えとしての数値が出てきます。ところが，計算して出てきた数値（3あまり3）は，問題の答えにはなりません。この数値を問題に合わせて「1人に3個ずつ配れて3個あまる」と表現を加工しなければなりません。
　この流れは，理科の授業とそっくりです。この問題解決の過程とノートへの記録との関係が理解できたとき，結果と考察は分離され，子どもは自分の考えを自分の言葉でまとめられるようになります。

算数		理科
①問題	—	問題
②見通し	—	仮説
③立式	—	実験の計画
④概算	—	結果の見通し
⑤計算	—	観察・実験
⑥式の答え	—	結果
⑦問題の答え	—	問題の答え

「情報交換タイム」で,友達の考えや工夫を真似させよう!

　前ページで示した①～⑦の流れに沿ってノートをまとめられる子は,一握りでしょう。そこで,「情報交換タイム」を導入し,友達のノートを静かにのぞきにいかせます。そして,「これはいい!」と思ったら真似してノートに記録させるのです。授業の中に適度に導入することで,子どもたちは自分の考えと友達の考えを比較し,自分の判断で修正できるようになります。

ノートチェックは,授業の中で終わらせよう!

　「グループ全員がノートをまとめたら,黒板の前に集まりなさい」と指示します。まとめ終えた子は,終わっていない子にまとめ方を教えます。教師は,遅いグループの個別指導をします。ノートがまとまったグループからノートを持ってこさせ,合否を判定します。まとめ方に問題があれば,その場で指摘し,すぐに修正するように指示します。合格した子から休み時間にするのがポイントです。

手本になるノートをコピーして掲示しよう!

　他の子どもたちの参考になるノートをコピーして,教室内に掲示します。また,印刷して子どもたちに配付することもあります。抽象的な指導ではなく,目指すゴールを具体的に示すことが大切です。そして,真似させます。真似しながら,子どもたちは表現のスキルを学びます。

学校を休んでもノートを忘れても,ノートをまとめさせよう!

　学校を休んで授業を受けなかった子には,友達のノートのコピーを渡し,家で写してくる宿題を出します。ノートを忘れてきた子には,紙を一枚渡して記録させ,自宅でノートに貼りつけさせます。
　これで理科のノートには,すべての授業の記録が残ることになります。

アイテム活用・環境整備

27 「ワークシート」を どう活用すればいい？

ワークシートを上手に活用すれば，授業を脱線させることなく効率的に進めることができます。その結果，すべての子どもたちに学習活動を保障できるでしょう。その反面，使い方を誤れば，子どもたちは穴埋めの作業に終始し，思考が深まらないリスクもあります。
　大切なことは，ワークシートを使用する目的を，教師が明確にもつことです。そうすれば，どのようなワークシートが必要となり，どのように活用したらよいかが見えてくるはずです。

目的に応じたワークシートの作成

(1) 授業の効率を高めるワークシート

　例えば，様々な昆虫の体のつくりを調べる学習のとき，その都度絵をかかせていたのでは，時間がかかりすぎます。右の図のようなワークシートを作成し，胸と思う部分に色を塗らせれば

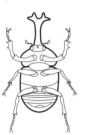

水をあたためたときの温度変化
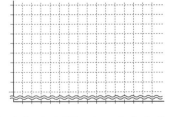

済むことです。また，実験の結果をグラフにまとめさせる際にも，あらかじめ縦軸と横軸やグリッド線が引いてあれば，子どもたちは短時間でグラフを作成することができます。
　スケッチすること，グラフを作成すること自体が重要な学習活動である場合は，もちろん時間をかけて作業させることは大切です。しかし，目的が違うのであれば，ワークシートを活用することで，授業の効率化を図ることができます。

(2)思考を深めるワークシート

右の表は，電気を通す物と磁石に引きつけられる物とを関係づけながら実験して確かめさせることを目的に作成したワークシートです。

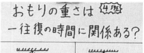

6種類の硬貨は，すべて電気を通しますが，磁石には引きつけられません。他の物はどうなるかを調べていきます。すると，次の物の性質がわかってきます。

A→鉄以外の金属でできている
B→鉄でできている
C→電気を通さない物の中に鉄が隠れている
D→金属以外

子どもたちは物を4つのタイプに分類しながら，その性質について深く考えることになります。

また，右の写真は，比較対照実験の計画をワークシートに書き込んだものです。

上段に問題を書き，その下に対照となる実験の図をかきます。その下は制御すべき条件を書きながら，正しい実験かどうかをチェックします。最後に，どのような結果が得られるはずか，その見通しを書きます。

子どもたちは，考えながら実験の計画を立てることになるのです。

ワークシートを作成するときの注意点

ノートに貼れる大きさに印刷することが大切です。ワークシートに書き込んだ後は，必ずノートに貼らせておきます。そうすれば，なくしてしまう心配はありません。また，ノートを見れば，これまでの学習の記録を後から確認することができます。子どもたちは，ノートを大切にしてくれるはずです。

アイテム活用・環境整備

28 「ICT機器」を授業で活用するには？

　「ICT」とは，"Information（情報）and Communication（通信）Technology（技術）"の略で，情報通信技術と訳されています。コンピュータやインターネットを使った情報処理や通信に関する技術を指す「IT」とほぼ同義ですが，情報や知識の共有・伝達といったコミュニケーションを重視する意味で，現在では「ICT」と呼ぶことが一般的になっています。
　ICT機器を，どのように理科授業で活用すればよいのでしょうか。ここでは，電子黒板，デジタル顕微鏡，電子百葉箱にしぼって解説します。

電子黒板

　電子黒板の場合，右のように画像を大きく映し，子どもたちに提示することができます。電子ペンを使って体のつくりの特徴などを書き込んだり，拡大・縮小したりすることもできてとても便利です。しかし，映した映像が消えてい

くという弱点があります。授業の履歴が板書として残らないのです。機器を教師が操作するため，授業のテンポも悪くなります。最近，実験の手順を電子黒板で映像で映して説明する教師がいますが，具体物を実際に操作しなければ，子どもたちには正確に情報がつたわりません。
　電子黒板は，未だ発展途上にあります。弱点が克服されるまでは，これまでの黒板も併用し，それぞれの弱点を補うことが必要です。

デジタル顕微鏡

　デジタル顕微鏡ができてから，顕微鏡の映像を電子黒板やタブレット端末

に映すことができるようになりました。これ
までは，実際に正しく操作しているかがよく
わかりませんでしたが，映し出された映像を
見れば，操作の誤りを的確に指導することが
可能です。ただし，ここでも使い方が大切で
す。例えば，メダカの卵を観察する場合，ま
ず，顕微鏡を見ながら子どもにスケッチさせます。すると，「毛が生えていた？」「膜は二重になっていた？」という疑問が生まれ，観察の視点が明確になっていきます（p.96参照）。それからモニターに映し，確認するという過程を踏んだ方が，観察の必然性，意欲を高めることができます。

電子黒板同様に，アナログ(絵)とデジタル(画像)の併用が必要となります。

電子百葉箱

IoT百葉箱（内田洋行）は，IoT百葉箱の
機材が設置されている自分の学校はもちろん，
全国各地の気象データ（画像，気温，湿度，
気圧）をWeb上で誰でも閲覧することがで
きます。

右のグラフは，本校（東京）のある日のデー
タです。12時に気温が一気に下がっていま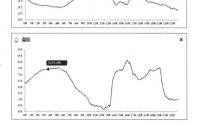
すが，湿度を確認すると，同じ時刻から逆に
一気に上がっています。この事実から，どの
ような気象の変化が予想できるかを話し合い
ます。その後，カメラ画像で確認することが
できます（っ.84参照）。

授業で十分に活用できるサイトです。

〈引用・参考文献〉
・IoT百葉箱　WEBサイト
　http//iot100.uchida.co.jp/

29 アイテム活用・環境整備

理科室の掲示・展示をどうすればいい？

理科室の掲示板には，様々な資料が貼りつけられています。標本や水槽，子どもたちの作品など，学校によっては，教育目標，問題解決のプロセス，発表の仕方なども，理科室の前面に掲示されていることもあるでしょう。
　これらの掲示物・展示物の中には，意味のない不要な物が少なくありません。まずは，不要な物と必要な物のふるい分けから始めましょう。

不要な掲示・展示をやめよう！

　何を掲示・展示するかを判断する基準は，子どもたちにとって役立つ資料として成立しているかという一点だけです。それ以外の不要な物は撤去しましょう。

(1)教育目標

　授業のユニバーサルデザインの立場から考えると，授業の中で直接子どもたちに必要のない掲示物はできるだけ外し，子どもたちの集中力を高めることの方が得策です。提示するなら理科室の背面の壁にしましょう。

(2)問題解決のプロセス

　アメリカの教育学者であったデューイ（1859－1952）が提唱した問題解決学習のプロセスは，およそ次の5段階で構成されていました。
　　①問題を把握する→②仮説を立てる→③検討を加え解決の工夫をする
　→④仮説を確認する→⑤仮説を検討する
　しかし，繰り返し修正が加えられ，"日本型問題解決学習"と言われるほど，そのプロセスは多様です。それぞれの過程にはそれぞれに長短があり，フレキシブルに使いこなすことが必要です。まして，過程を意識するのは教師であり，子どもが授業中に意識しながら学習を進めることはあり得ません。

(3)発表の仕方（話型）

　「わたし（ぼく）の考えは〜です。わけは〜だからです」
　これらは「話型」と呼ばれ，形式に言葉を当てはめて繰り返し表現させることで，子どもたちの表現力を高めようとするものです。しかし，ほとんど効果はありません。掲示された話形を見ながら意識すればするほど，思考が停止状態となり，表現力育成の妨げになることもあります。

授業に役立つ掲示・展示を！

(1)手本となる作品

　その年度の学習の結果でき上がった作品ではなく，前年度の子どもたちの作品を事前に展示しておきます。例えば，ノートづくりの参考となるノートのコピーや，ものづくりの作品などです。そうすれば，子どもたちの手本となり，すぐに学習に生かされることになります。

(2)継続観察する動植物

　教室や理科室の一角に顕微鏡を常設し，授業以外の時間でも観察できる場を確保します。繰り返し観察する中で，子どもたちは様々な発見や驚きを見つけることになるでしょう。また，教室のメダカの水槽に取りつけられている濾過機の中にインゲンマメの種をまきます。しばらくすると，水しかないはずなのにどうして元気に育つのか，子どもたちは不思議に思うようになります。

(3)日付・曜日・天気・温度・月の形

　理科室の黒板に，これらの情報を必ず板書しておき　授業の最初に記録させるだけで，天気と気温の関係，月の満ち欠けの順番の理解への布石となるはずです。関係した単元の学習に入ったとき，その情報が必ず生かされることでしょう。

アイテム活用・環境整備

30 子どもに持たせたい「理科グッズ」とは？

　ここで言う「理科グッズ」とは，理科室にある教材・教具ではなく，子ども一人ひとりに個人持ちさせたい道具のことです。
　理科の授業のとき，子どもたちは「理科グッズ（七つ道具）」を入れた巾着袋を持って理科室にやってきます。授業中，特に観察・実験のときに，子ども自身の判断で自由に使わせるのです。
　巾着袋の中にはどのような理科グッズ（七つ道具）が入っていて，どのように使っているのかをご紹介します。

理科の七つ道具

(1) **虫眼鏡（ルーペ）**

　手元に虫眼鏡があれば，拡大してさらによく観察しようとするものです。「まずは肉眼でじっくり観察することが大切」という考え方もありますが，虫眼鏡だけで観察する子はいません。
　ただし，使わせるときには，その都度安全指導（太陽を見ないなど）を忘れずにしましょう。

(2) **方位磁針**

　意外に正しく使えないのが方位磁針です。例えば，4年での月や星の観察は，自宅で行うため，方位磁針が正しく使えなければ正しいデータが集まりません。野外活動では必ず持たせ，使い方を繰り返し指導しましょう。

(3) **温度計**

　授業を始める前，理科室の温度を計って記録させます。温度計の扱いや計測の仕方が身につくだけでなく，季節による部屋の温度や場所による温度の違いを，体感温度と比較しながら実感させることができます。

(4)棒磁石・乾電池と豆電球

　これらがあれば，金属の仲間か，鉄が含まれているかを手軽に調べることができます。例えば，塩酸に鉄やアルミニウムをとかした後，蒸発させて出てきた物が鉄かどうかアルミニウムかどうか，簡単に調べることができます。

(5)スポイト・注射筒

　醬油などを入れる「たれ瓶」や注射筒は，スポイト代わりに活用できます。あまった尿検査用の容器を保健室からもらうのもいいでしょう。蓋をすれば液漏れの心配もなく，ヨウ素液やBTBなどの試薬を入れるのにも便利です。

(6)フィルムケース（※理科消耗品として購入可能）

　つかまえた小さな虫，集めた植物の実や種などを入れて持ってかえるのにとっても便利。蓋をすれば水も漏れず，メダカの卵や水生昆虫も入れられます。クリップや輪ゴム，砂鉄などを入れて持ち歩くのにも便利です。

(7)国語辞典

　意味のわからない言葉に出合ったら，その場で国語辞典を使って調べさせます。「固体って何だっけ？」「気温と温度はどう違うの？」など，言葉の意味を調べるときに最も手軽で簡単に使用できる学習ツールが国語辞典です。

理科グッズ活用のポイント

(1)授業を進めながら少しずつ増やしていく

　一度にすべてのグッズを準備することは難しいでしょう。授業の中で必要な物を一つずつ増やしていくのがコツです。磁石や豆電球などは，単元の授業で使った後に巾着袋に入れさせます。

(2)校外学習に持っていく

　理科の七つ道具は繰り返し使わせてこそ，使いこなす技能が高まっていきます。理科の授業に限らず，様々な場面で使わせましょう。

　例えば，遠足や社会科見学といった校外学習にも持参させます（国語辞典以外）。必要に応じて虫眼鏡，方位磁針，温度計などを使って，様々な情報を子どもたちはゲットし，様々な気づきをもたらしてくれるはずです。

31 困った場面の対応

簡単に準備や後片づけをする方法とは？

　今，理科が不人気です。子どもではなく，教師に不人気なのです。おそらく，担当したくない教科ナンバーワンでしょう。その原因の一つが，準備や後片づけが面倒なことです。
　しかし，ちょっとした工夫をすれば，準備や後片づけの面倒臭さから開放されます。そのポイントは，「教師が準備しない」「教師が後片づけしない」ことです。子どもに準備や後片づけをしてもらうのです。
　では，どうすればよいのでしょうか。具体的な方法を紹介します。

子どもに準備や後片づけをさせよう！

　観察・実験に必要な物品を，あらかじめグループごとに，トレイに入れて準備している教師をよく見かけます。事前に準備してあれば，授業が始まってすぐに活動に入ることが可能です。しかし，忙しい教師にとっては，なかなか難しいことです。理科助手がいれば話は別ですが，そのような人的環境がそろっている学校はほんの一握りです。
　そこで，観察・実験の準備を，子どもたちにしてもらいましょう。まず，各グループで使用する実験道具や物品を，教師の分だけ準備します。次に，子どもたちを教卓の周りに集め，観察・実験の仕方の説明を，実際に操作しながらします。そして，子どもたちから質問を受けた後に，次のように指示するのです。
　「これらの実験道具は，すべて理科室の中にあります。探して準備してください。準備ができたら，私を呼んでください。合格したグループから実験を始めましょう」
　もちろん，危険な薬品や道具については，教師が準備しますが，まとめて

教卓に置いておき，子どもたちが自分たちのグループに持っていくだけです。子どもたちは，実験を早くしたいですから，グループみんなで協力して準備を進めます。そして，準備ができると手招きして呼んでくれます。必要な物がそろっているかをチェック，安全の確認をしてもらい，合格が出たら実験のスタートです。

　後片づけも，やり方は基本的に同じです。

　「これから後片づけをします。持ってきた人がもとの場所に返します。終わったら私を呼んでください。合格したグループからかえっていいです」

　子どもたちは，早く休み時間に入りたいですから，グループみんなで協力して後片づけを進めます。物品が決められた場所にしまわれていなかったり，机が濡れたままになっていたりすれば，合格はもらえません。

　準備や後片づけを子どもたちにさせて，しばらくすると，理科室のどこに何がしまわれているかを，子どもたちは覚えてしまいます。準備や後片づけにかかる時間は，さらに短くなっていきます。

セット教材を購入しよう！

　「06　教材選定のポイントは？」（p.19参照）でも述べましたが，最近のセット教材は安価なうえに，優れものが少なくありません。丈夫なうえに，安全です。教科書教材や自作教材にこだわらず，セット教材を上手に使ってみましょう。

　セット教材ならば，忙しい教師でも時間をかけることなく，簡単に準備ができます。その分，教材研究に時間をかけることもできるはずです。また，セット教材は規格品ですので，実験結果に，ばらつきがほとんど出ません。もちろん，後片づけも簡単にできるように工夫されています。

　授業が終わったら，自宅に持ちかえって繰り返し実験できるのも大きな利点の一つです。子どもたちは，遊び感覚で繰り返し実験する中で，授業中には気づかなかったことに出合うことも少なくありません。

32 困った場面の対応

どうすれば,理科室・理科準備室がきれいになる?

理科の授業で必要な物品を探そうと理科室・理科準備室へ。ところが,どこに何がしまってあるのかがわからない…そんな経験をしたことはありませんか。

使用済みの実験道具,何に使うのか不明な自作教材,古いセット教材などが散乱し,まるでゴミ屋敷のようになっている理科準備室も少なくありません。

どうすれば,理科室・理科準備室を,きれいに保つことができるでしょうか。誰でもできる手軽な工夫を紹介します。

理科室・理科準備室を整理しよう!

(1) いらない物を捨てる

まずは,不要な物を捨てることから始めましょう。必要な物だけを残すことができれば,理科室・理科準備室の整理・整頓の半分は終わったようなものです。管理職に頼み,職員全員の協力を得て作業に当たります。

ただし,廃棄に当たって,注意すべきものが2つあります。

まず,学校備品は勝手に廃棄することができません。学校事務に相談し,備品台帳と照合しながら計画的に廃棄します。次に,薬品です。薬品庫の中をのぞいてみると,小学校の理科では使わない古い薬品が残っていることがあります。その中に,毒物・劇物が含まれている場合は,教育委員会や学校薬剤師に相談して廃棄します。薬品管理簿があるはずですので,現有量も確認して記録しておきましょう。

(2) どこに何をしまうか決める

不要な物を廃棄したら,残った必要な物を分類しながら収納します。分類の方法には,およそ次の2種類があります。

方法1 … 学年別に分類する

方法2　…　領域別に分類する

　実際には，この分類の仕方を組み合わせて収納するのが現実的です。例えば，「音」「光」「風」「ゴム」の学習で使う教材は，3年だけで使用します。このような教材は学年別に分けて収納すればよいでしょう。ところが，電気単元は，3～6年すべての学年に配当されています。簡易検流計（電流計）やモーター，豆電球，乾電池ボックスなどは，領域別に収納した方が便利です。

　ガラス器具（ビーカー，フラスコなど）の消耗品については，大きさ別に分けて棚に収納しましょう。

理科室・理科準備室をきれいに保とう！

　理科主任であれば，掃除の指導担当場所を，必ず「理科室」にしてもらいましょう。理科室の掃除にきた子どもたちと物品を整理するためです。

　まず，掃除の基本である"掃く・拭く"の基本をしっかりと教え，早めに切り上げ，残り時間を全員で理科室の整理に充てます。例えば，下のように曜日ごとに，どこを整理するかを決め，月曜日から金曜日までの5日間で，すべての整理・整頓が完了するようにします。

　　月曜日　…　右側の棚の整理
　　火曜日　…　左側の棚の整理
　　水曜日　…　後ろの棚の整理
　　木曜日　…　前の棚の整理
　　金曜日　…　引き出しの整理

　その他，必要に応じて，「流しの掃除」「消耗品の補充」といった仕事も入れていきます。しばらくすると，理科室のどこに何をしまうか，掃除の子どもたちも覚えてしまい，その後の作業が効率的になります。

　この作業を繰り返せば，理科室をきれいに保つことができるはずです。

困った場面の対応

33 クラス全員が同じ予想になってしまったら？

　海外のある国で飛び込み授業をしたときのことです。問題を設定した後，自信度チェック（p.38参照）を使って子どもたちに予想してもらいました。すると，何と全員が同じ予想となったのです。しかも，全員が「ぜったい」に番号カードを貼りつけました。問題の答えを，なぜか知っていたのです。
　これは極端な事例ですが，授業の中で，子どもたちの予想が偏ってしまうことはよくあることです。そのようなとき，どうすればよいのでしょうか。海外での授業例から，その具体策について紹介します。

子どもをゆさぶる技術を使おう！

　水を半分ほど入れたペットボトルの重さを量って重さを示し，「横に倒すと重さはどうなりますか？」と発問しました。すると，全員が「絶対にかわらない」と予想したのです。

(1) 視点をかえて予想させる

　まず，次のように発問しました。
　「日本の子どもたちの中には，『重くなる』『軽くなる』という考えの子もたくさんいました。その子たちは，どうしてそう考えたのでしょうか？」
　すると，自分とは違う考えの立場に視点をかえて子どもたちは考え，次のような理由を発表しました。
　「はかりを広い面でたくさん圧しているから，重くなると考えている」
　「重さが広い面に広がっちゃうから，軽くなると考えている」
　すると，先ほどまで自信たっぷりだった表情が，不安げな表情にかわっていったのです。

(2) 考えや自信度の変化を視覚化させる

　そこで，自信度チェックの表にある番号カードを，自分の考えや自信度がかわったら，いつでも貼り直してよいことを子どもたちに伝えました。すると，数人の子が貼り替えました。それに引きずられ，他の子もカードを動かし始めました。

(3) 体感させる

　それでも，重さは「かわらない」という考えが多数派を占めていました。そこで，実際に重さを量って確かめる前に，手ごたえで重さに違いがあるかどうかを確かめさせることにしました。

　子どもたちの考えや自信度が大きく変化したのは，ここからです。子どもたちは次々に自信度チェックの表の番号カードを貼り替えたのです。そして，あっという間に重さが「かわらない」という考えの子どもたちは，少数派となってしまいました。「かわらない」という考えの子の中には，自信度を下げた子もいました。

　つまり，子どもたちは「わかったつもり」の状態だったのであり，"質量保存"の意味を理解しているわけではなかったのです。

予想が偏ってもいい！

　しかし，子どもたちが主体的に問題を考え，根拠のある予想をもったうえで話し合いができるのであれば，子どもたちの予想が偏ってもかまいません。自分たちが予想した結果が期待通りに得られることも，子どもたちにとっては嬉しいことです。

　大切なのは，結果が出てからの話し合いです。結果からどんなことが考えられるか，本時の問題に照らし合わせながら，きちんと答えることができるようにみんなで考えを出し合います。そして，子どもたちが共有できる言葉を選びながら，問題の「答え」をまとめます。

34 困った場面の対応

子どもが発表しないとき，どうすればいい？

　発問しても，誰も手を挙げてくれず困ったことはないでしょうか。どうして子どもたちは発表しないのでしょうか。
　その原因は，様々でしょう。「間違ったら恥ずかしい」と多くの子どもたちが考えているのかもしれません。また，学級経営の問題，さらには，担任と子どもたちの人間関係が原因となっていることもあるかもしれません。
　すべてに対応することはできませんが，ここでは教育技術の視点から，子どもたちの発表への意欲を高める方法について紹介します。

子どもが発表しやすくなる工夫

(1) 小グループで話し合わせる

　いきなり発表するように言われても，そう簡単にできるものではありません。単なるおしゃべりならいざ知らず，大勢の前で自分の考えを発表するのは，大人でさえそれなりの覚悟が必要です。
　そこで，席が隣の人と話し合ったり（ペアトーク），グループで話し合ったり（グループトーク）させてみます。つまり，発表のための助走です。
　子どもたちは，おしゃべり感覚で話をする中で考え，自分の考えを自覚すると同時に，まとめる機会となります。すると，安心して発表してくれる子どもたちが多くなります。

(2) 友達の考えを紹介させる

　しかし，小グループで話し合っても発表できない子はいるものです。自分の考えに自信がなかったり，上手に話す自信がなかったりすると，やはり手は重く感じます。
　そこで，自分の考えではなく，友達の考えを紹介させてみます。まず，次

のように問います。
「とってもいいことを話していた友達はいませんか？」
「どんなことを話していたのか，教えてくれる？」
　自分の考えを発表することに比べれば，友達の考えを紹介することは気分的にずっと楽になります。

(3) 自信度チェックを活用する

　自信度チェック（p.38参照）を活用すれば，子どもたちの考えを引き出しやすくなります。例えば，「ぜったい」に貼る子は理由をもっているはずです。また，「ひょっとしたら」に貼る子の中には，多面的に考えている子がいることもあります。ですから，
「あなたを不安にさせているのは何ですか？」
と問えば，他の子どもたちにとって有益な考えを引き出すことができます。

話形指導をかえよう！

　口喧嘩しているときの子どもたちの話し方を聞いていると，私たち教師が話型として指導していることのほとんどを使いこなしていることがわかります。つまり，子どもたちは"話せない"のではなく，"話したい"と感じていないだけなのです。ですから，もともと話したいという意欲が高い子にとっては話型がじゃまになり，表現力育成を妨げることになりかねません。
　そこで，話型に合わせて子どもたちを話させようとするのではなく，子どもの事実から話型をつくっていきましょう。
　学級の中には，話しが得意な子が一人や二人はいるものです。その子が，
「例えばね…ということがあるでしょう。だから…」
といった発表をしたとします。そのときに担任は，「たとえ」を使った話し方を褒め，どうしてわかりやすいのかその理由を解説してあげます。すると，話し方を真似する子が少しずつ出てきて，学級の多くの子が話せるようになってくるでしょう。
　そうなったら，一つの型として子どもたちに指導するのです。

35 限られた時間で、どう授業すればいい？

困った場面の対応

　学習指導要領に示されている内容は最低基準であり、かつて「内容の取扱い」で示された"歯止め規定"はありません。事実、授業改善の視点として、発展的な内容や活用型の授業づくりの必要性が叫ばれています。
　しかし、授業の時数は教育課程で決められており、若干の修正は可能なものの、大きく逸脱することは許されません。教科書の内容をこなすことでさえ手一杯である現状だという声も、教育現場から聞こえてきます。
　では、どうすれば、限られた時間に授業することができるのでしょうか。

授業のムダを取り除こう！

(1) **発問しない**

　若い先生の授業でありがちなのは、発問がやたら多いことです。
　「この前は、どんなことを勉強しましたか？」
　「安全に実験するために、どんなことに注意したらいいでしょうか？」
　つまり、発問しなくてもよいときにも発問してしまっているのです。こういうときには、教師がわかりやすく端的に説明すればいいのです。
　「この前は、…について勉強し、○○のことがわかりました」
　「安全に実験するためには、次のことに注意してください」
　まずは、発問すべきことを洗い出し、効率よく授業を進めましょう。

(2) **討論しない**

　授業の導入部、子どもたちの予想がいくつかに分かれたときに討論させる授業をよく見かけます。かつて筆者もしていたのですが、最近は次の理由からほとんどしていません。
　まず、相手を説得しようとするあまり、空想・想像・屁理屈のオンパレー

ドとなり，間違った自分の考えを，間違った理由で強化していくからです。そんな子どもたちが，授業の後半で予想した結果が出てこなかったからといって，すぐに自分の考えをかえることができるかというと，そうは簡単ではありません。時間がかかるのです。

　前半の討論はせず，可能性のあることをブレーンストーミング形式ですべて出させ，実験の結果が出た後に，どういうことが考えられるかを考察すればよいのです。後半の時間の確保は，子どもたちの科学的思考力を育てるうえで，極めて重要になります。

教えて考えさせよう！

(1)教えるべきことを教える

　「思考」とは，それまでに獲得した知識や経験をつなぎ，新たに再構成させる心の働きです。つまり，考えるためには知識や経験が不可欠ということになります。

　子どもたちが目の前にした問題を解決するためには，最低限，どのような知識や経験が必要かを考えてみましょう。たりないと判断できたなら，その内容は躊躇せず教えましょう。そうでなければ授業は効率的に展開しません。

　ただし，単に言葉の伝達だけでは，思考へとつながりません。例えば，アリを観察して絵にかき，子どもたちがかいた絵を比較することで観察の視点を明確にしてから基本をおさえる…といった段階が必要です。

(2)考えさせるべきことを考えさせる

　考えるために必要な知識や経験が蓄積できたら，それを活用させる場面を設定します。ただし，難しく考える必要はありません。前述した工夫で導入部を短く展開することができたのであれば，実験の結果をもとにグループや全体で話し合わせればよいのです。

　全員で共有できた事実をもとにした考察場面での討論は，客観性を伴った内容となり，科学的思考力を育成できる重要な場面となります。

36 実験の結果に違いが出たグループがあったらどうする？

困った場面の対応

　グループによって実験の結果に違いが出てしまい，困ったことがありませんか。すべてのグループが同じ実験結果になればよいのですが，必ずしもそうならないのが理科の実験というものです。
　しかし，だからこそ，実験で得られたデータをどう処理し，どう解釈し，どうまとめればよいかを，考察場面で指導できるよい機会とすることができます。その具体的な方法を紹介します。

実験のスタートに時間差をつけよう！

(1)グループ間の情報交換を活性化させる

　準備ができたグループから実験を始めることについては，準備や後片づけを効率的に進めるための工夫として紹介しました（p.68参照）。

　実は，もう一つの目的があります。実験を早くスタートさせたグループにとっては，遅れているグループの実験の過程や結果は，過去を振り返ることのできる情報となります。逆に，スタートが遅れたグループにとっては，早いグループの実験の過程や結果は，未来への見通しをもたらす情報です。

　つまり，グループ間の情報交換を，活性化させることになるのです。他のグループの実験の過程や結果を参考にすることによって，自分たちの実験結果だけにこだわることなく，総合的に結果を判断せざるを得なくなります。

(2)実験が終わったグループから結果を黒板に記録させる

　さらに，実験が終わったグループから，黒板にあらかじめかいておいた表に結果のデータや絵をかかせていきます。すると，早く実験を終えたグループは，他のグループの結果が気になります。そして，自分たちの結果と他のグループの結果を比べて，自分たちの結果が少数派だとわかると，再実験し

て確かめようとします。その結果，少数派の結果は自然に捨象されます。

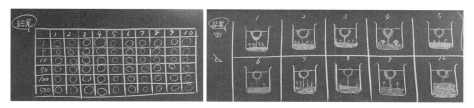

(3)おかしい結果の原因について話し合わせる

それでもイレギュラーな結果が残った場合は，

「この結果の中に，おかしいなと思うものはありますか？」

と聞きます。そして，結果がおかしくなった原因について話し合わせることで，実験結果に対する分析・考察力がついていきます。

算数科の「平均」「概数」をデータ処理で活用させよう！

算数科で学習した「平均」「概数」を，データ処理として積極的に理科授業で活用させましょう。実験結果の誤差を小さくすることができ，たとえグループごとの結果に開きがあっても，妥当な結果を導き出すことが可能となります。

(1)平均をとる

例えば，5年「電流の働き」の学習で，電磁石に引きつけられたクリップの数で電磁石の強さを調べる実験では，たった一回の実験で結果をまとめることはできません。繰り返しデータをとり，その平均値を求めることによって，妥当な結果へとデータを処理することができます。

(2)データをカットする

すべてのデータを機械的に使うことはできません。電流が流れなかったため，電磁石にクリップがまったく引きつけられなかったときなどはそのデータはカットし，やり直さなければなりません。また，最低値と最高値をカットしたうえで，平均値を求めるデータ処理も必要になることがあります。

37 学校でできない観察をどう指導する？

困った場面の対応

限られた月齢の月であれば，学校で観察することは可能です。しかし，日没とともに東の空に見える満月は無理です。
夜しか見られない星であれば，自宅で観察してもらうしか方法がありません。
では，学校の授業と自宅の観察を，どうすればつなぐことができるでしょうか。具体的な方法を紹介します。

自宅で観察させるときの指導

(1)事前指導

「観察する場所を途中でかえない」「月がどのように動いたかわかるように，目印になる建物や植物などをかく」の２点を子どもたちに指導します。

子どもたちが実際に観察する場は自宅になるので，どのように観察し，記録するのかシミュレーションしておくことが大切です。校庭から見える木や建物などを月や星に見立て，方位磁針の使い方，自作の高度計の使い方について十分に練習させておきましょう。

月の観察カード

自作の高度計で高度を測る練習

(2)観察した結果の発表

　自宅で月の動きを観察した後,観察結果がどうなったかを授業で確かめます。しかし,子どもたちが持ち寄った観察カードは観察場所が違っているため,観察結果を共有し合うのは難しいものです。

　そこで,教室内に夜空を再現することにします。教室の中央に立ち,最初に観察できた方位,高度の位置に月のカードを壁に貼りつけます。そして,暗幕を閉めればもう完成です。発表する子は教室の中央に立ち,壁に貼りつけた月のカードを懐中電灯で照らし,月がどう動いたかなど,観察したことを発表するのです。学習が進むたびに,壁に貼った月や星座のカードが教室の中に増えていきます。次第に,月や星座の動きや位置関係がわかる三次元空間が教室内にでき上がります。

ビデオ,施設,インターネットの活用

(1)ビデオ教材の活用

　学校にビデオ教材があれば,積極的に活用しましょう。ただし,最初から最後まで漫然と見せるのではなく,「月の満ち欠けの順番」といった必要な場面を切り取って見せると効果的です。自宅で観測したことをおよそ確認することができます。また,観察結果をビデオで先に確認し,実際にそうなるかを自宅で観察させる演繹的な展開のための資料としても活用できます。

(2)地域のプラネタリウムの活用

　地域の科学館などにプラネタリウムがあれば,積極的に利用しましょう。なければ遠足と抱き合わせて計画する方法もあります。事前に施設に連絡して予約するとともに,テーマ,内容を確認し,事前指導に生かしましょう。

(3)インターネット,天体観測アプリの活用

　例えば,『NHK for School』では,様々なビデオコンテンツを視聴することができます。4年であれば「ふしぎがいっぱい」がオススメです。あらかじめ教師が内容を確認し,授業の中にどう活用するか教材研究しましょう。

授業研究

「国語科と連携した理科授業」とは？

今，教科・領域の枠を越えた汎用的な「資質・能力」を育成することが求められています。そのためには，授業の中に教科横断的な指導や合科的な指導が必要となってきます。しかし，現実的にはなかなか難しいのが正直なところです。

難しく面倒な指導は続きません。そこで，理科と他教科を簡単に連携指導できる方法を考えてみました。ここでは，手軽に導入できる国語科との連携指導「理科説明文」をご紹介します。

「理科説明文」の指導

(1)尾括型の授業展開

中学年の国語で学ぶ説明文の基本フォーマットの一つに「尾括型」があります。この展開は，ミステリー型の理科授業そのものです（p.8参照）。理科の授業展開が説明文の基本フォーマットと合うのであれば，授業レポートを説明文で書かせることができます。

例えば，4年「水の3つの姿」の学習では，温度変化に伴う水の状態変化を調べます。子どもたちが解決すべき「問題」は，以下の通りです。

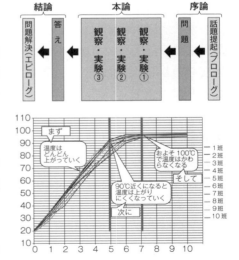

問題　温めると，水の温度はどのように変化するか？

各グループで測定した値を折れ線グラフにして重ねると，一つのグループ

だけではわからなかった水の温度変化の傾向が見えてきます。温度変化の様子を3つの場面に分けるように指示をすると、子どもたちは前ページの図のように分けて、それぞれの温度変化の様子の違いを言葉で表現してくれます。これらの言葉を「まず」「次に」「そして」といった接続詞でつなげば、「答え」は次のようになります。

　答　え　　温めると、水の温度は次のように変化する。
　　　　　　まず、温度はどんどん上がっていく。
　　　　　　次に、90℃近くになると温度は上がりにくくなっていく。
　　　　　　そして、およそ100℃で温度はかわらなくなる。

⑵「理科説明文」を書く

　国語の作文指導として、「理科説明文」を書く時間を設定します。子どもたちは、理科の教科書とノートを見ながら、国語で学んだ「尾括型」の説明文フォーマットに必要な情報を流し込みながら作文を書いていきます。もちろん、友達と相談しながら書いてもかまいません。

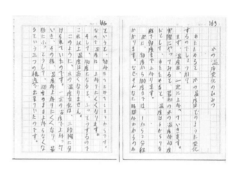

「理科説明文」の効果

　「理科説明文」を書こうと思ってもうまく書けないという現実に出合ったとき、子どもたちは、自分が不理解な部分を補おうと新たな学びをスタートさせます。教科書やノートをもう一度読み、書くために必要な情報を集め始めるのです。その情報でたりなければ、友達に聞いたり話し合ったりしながら、情報をさらに調べようとします。

　「理科説明文」は、理科の学習内容の確かな習得を促します。また、国語科で学習した説明文の基本フォーマットを活用した表現活動ともなり、国語科の学習内容の習得も期待できるのです。

授業研究

39 「算数科と連携した理科授業」とは？

"理数教育"という言葉があります。しかし，理科と算数科との連携指導の具体像は，未だに不明確なままです。汎用的な「資質・能力」の育成の視点から見ても，ほとんど手つかずのままと言っていいでしょう。

そこで，算数科の学習で獲得したアイテム（道具）を理科授業に積極的に活用する方法を考えてみましょう。効果的に導入することができれば，理科にとっても算数科にとっても，有益な指導になるはずです。

グラフを読み取るアイテム

算数科で学んだグラフのつくり方ですが，理科で育てたいのはグラフから情報を読み取り，言語化する力です。例えば，右の折れ線グラフは，ある一日の気温の変化をまとめたものです。普通なら最も気温が高い

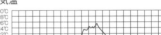

気温の変化（p.63の気象データより作成）

午後1～2時に急激に気温が下がり，午後4時からまた気温は上がり始めています。ここから，午後から雨が降ったと読み取れます。晴れや曇り，雨の日のような基本的な天候のグラフで温度変化を調べるだけでなく，気温の様子から天気の変化を読み取る力を育てましょう。

「概数」「平均」でデータ処理するアイテム

実験の後，各グループで導き出した結果（回路に流れる電流の強さ，振り子の周期，発芽した種子の数…など）から，「概数」「平均」で表現することが必要になります。ただし，何の必要感もなく「概数」「平均」を機械的に使わせても，子どもたちにはその意味がわかりません。

例えば，5年「振り子のきまり」の学習で「振れ幅がかわっても，振り子が一往復する時間はかわらない」という結論をガリレオの伝記を読み聞かせながら先に知らせれば，その後の実験では，微細な誤差にこだわっていたのではガリレオが発見した振り子のきまりに近づくことはできません。「概数」「平均」で求める必要が出てくるのです（p.109参照）。

同じ「かさ（体積）」で比べるアイテム

「鉄とアルミのどちらが重いでしょうか？」と問えば，ほとんどの子どもたちは「鉄」と答えます。ところが，右の写真のように大きいアルミと小さい鉄で重さ比べをしようとすると，子どもたちは「ずるい！」と言います。そして，かさ，量，大きさ，長さ…といった算数で学んだ言葉を使って表現してくれます。

面積で表して視覚化するアイテム

6年「てこの規則性」の学習では，棒を傾ける働きを「おもりの重さ×支点からの距離」の積で表します。ところが，重さに長さをかけて出てきた数の意味がわかりません。小学校の学習では単位もありません。

そこで，重さを長さとしてベクトルで表すことにします。すると，重さに長さをかけた数（棒を傾ける働き）を面積として表現することができます。つまり，棒の右と左の面積が等しければ釣り合うということです。さらに，右のどこの腕に何グラムのおもりを使ったら釣り合うか，できた長方形を重ね合わせていくと，そこに反比例のグラフが現れてきます。抽象的な数を，目に見える面積で表現することで視覚化させることができたとき，子どもたちの理解は深まります。

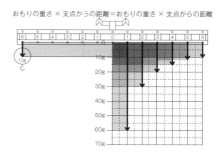

授業研究

40 「全員参加型」の授業づくりのポイントとは？

　最近，「授業のユニバーサルデザイン」という言葉をよく耳にするようになりました。特別支援教育研究で培われた成果を普通学級での授業に導入することで，全員参加型の授業を実現させようとするものです。
　様々な個性をもった子どもたち全員が参加できる授業をつくるためには，これまでの形骸化した問題解決的な学習から脱却した新しい視点での授業づくりが求められます。ここでは，授業のユニバーサルデザイン研究会が示している「焦点化・視覚化・共有化」の視点から考えてみましょう。

焦点化しよう！

　実験をしている子どもたちに，「今，何を調べているの？」と聞いても，答えられないことがあります。その授業の「問題」は何なのか，問題を解決するためにどういう実験をして，どんな結果を期待しているのか，が不明確なまま授業が進んでしまっているからです。
　まず，次の点に注意して基本的な焦点化を図りましょう。
・「問題」を設定する前に，子どもたちの問題意識を高めていたか？
・本時の「問題」が，きちんと板書されているか？
・なぜその実験をするのか，意味を子どもたちに理解させたか？
・予想が正しければ実験の結果はどうなるはずか，見通しをもたせたか？
　また，子どもの主体的な活動を尊重するあまり，複数の実験を自由にしてしまい，丸投げになってしまっていることもあります。
　例えば，3年「物と重さ」の学習で，物の形をかえても重さはかわらないことを実験で確かめる授業があります。ここで，一度に様々な素材を与え，様々な形のかえ方を試させることには無理があります。ねん土などの一つの

素材にしぼり，形のかえ方も「おだんご→ピザ」といった一つの方法にしぼって，まず確かめさせます。そこで，秤の使い方や記録のとり方といった指導をきちんとしてから，他の素材や形のかえ方に挑戦させていくのです。

視覚化しよう！

　ICT機器の導入もあり，実験の方法を映像で見せる教師がいます。しかし，それでは的確な実験の手順，安全指導はできません。子どもたちに提示した映像は次々と消えていくため，後で確認することができません。また，平面的な映像では，実際に扱う立体的な器具とつなげることができない子もいるのです。

　そこで，子どもたちを教卓に集め，教師が実際に実験器具を扱いながら見せ，実験の方法や注意することを子どもたちに説明します。さらに，その内容を絵と文字で板書し，後で確認できるようにします。

共有化しよう！

　共有の場は，「振り返り」と称して，授業の最後にまとめを行うことだけではありません。意味ある共有の場は，観察・実験の途中にこそあります。

　教師は，実験中に各グループを回り，自由に話し合いながら実験するよう指導します。ただ黙って実験を見ているだけでは，事実は漫然と流れていくだけで，価値ある情報を意図的に拾い上げることはできないからです。

　短時間で済む観察・実験であれば，繰り返し実験させたり，他のグループの実験をもう一度見させたりしながら，リアルタイムに話し合いをさせていき，情報を共有化させていきます。

　また，ノート指導でも，友達の真似をどんどんさせていきます。教師は，子ども一人ひとりに思考させたいがゆえに「自分で考えなさい」と言いがちです。しかし，たとえ人の真似をしてでもいいから「できた」という事実を積み上げていった方が，子どもたちの表現力は高まっていきます。

授業研究

理科授業の「アクティブ・ラーニング」とは？

「アクティブ・ラーニング」とは何なのでしょうか。溝上慎一氏（京都大学高等教育研究開発推進センター教授）によれば、「一方向的な知識伝達型講義を聴くという（受動的）学習を乗り越える意味での、あらゆる能動的な学習のこと。能動的な学習には、書く・話す・発表するなどの活動への関与と、そこで生じる認知プロセスの外化を伴う」とあります（『アクティブラーニングと教授学習パラダイムの転換』（東信堂））。

ここでは、「アクティブ・ラーニング」を、3つの視点から解説します。

どのような社会的背景のもとに登場したのか？

アメリカでは、大学進学率が高まるにつれて、これまでの講義形式では授業が成立しにくくなりました。発達障害をもった学生を含め、様々な個性をもった学生が入学し、その対応に迫られたのです。そこで、大学の授業改善のための指導法として、様々な思考ツールが開発され、「アクティブ・ラーニング」として授業に導入されたのだそうです。このような状況は日本も同様であり、大学進学率の高まりとともに、学生をアクティブにさせる授業改善が必要だったのです。

そして今、初等教育の授業改善にまで、「アクティブ・ラーニング」の必要性が叫ばれるようになったというわけです。

どのような効果が期待されているのか？

これまで、授業改善の視点として、様々なキーワードが登場しては消えていきました。「アクティブ・ラーニング」もまた、平成29年3月に公示された学習指導要領に明記されることはありませんでした。

これらの背景には，日本の問題解決的な学習が形骸化に走っているという現状があります。それを改善すべく，文部科学省は"手を替え品を替え"，授業改善を要求しているとも考えられます。

　授業改善の具体像として示されているのが，「主体的な学び」「対話的な学び」，そして「深い学び」です。これら3つの学びは，並列の関係にはなく，子どもが主体的になれば対話が生まれ，その結果深い学びが成立するという，本来の問題解決学習における子どもの姿を表現しているにすぎません。

どのように授業に導入すればいいのか？

　溝上慎一氏は，「アクティブラーニングは，厳密に言えば，学生の学習の一形態を表す概念であって，教員の教授や授業・コースデザインまで包括的に表す教授学習の概念ではない」（前掲書参照）と述べています。

　つまり，これまでの問題解決的な学習の中に取り入れられる方法・手法と考えることができます。これまでの問題解決的な学習のどこが問題なのかを見極め，「アクティブ・ラーニング」の何を，どのように授業に導入すればいいのかを考える必要があります。

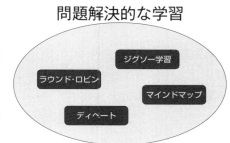

　では，どのように授業に導入すればいいのでしょうか。残念ながら，その具体については，紙幅の関係で解説することはできません。

　そこで，「アクティブ・ラーニング」を取り入れた授業改善のヒントとなる書籍を以下に紹介します。ぜひ，参考にしていただければと思います。
・『「資質・能力」を育成する理科授業モデル』（学事出版）
・『小学校理科アクティブ・ラーニングの授業展開』（東洋館出版社）

授業研究

「科学的思考力」とは何か？

> 「思考力」という言葉をよく耳にしますが，その本質をとらえることは簡単ではありません。「思考力」の前に，様々な言葉がつけ加えられることもあります。「論理的思考力」「数学的思考力」，そして「科学的思考力」などですが，その違いを明確に指摘することも難しいことです。
> では，理科教育で育てる「科学的思考力」とは，どのような力なのでしょうか。そして，どうすれば育てることができるのでしょうか。

「科学的思考力」とは何か？

平成29年6月公示の『学習指導要領解説理科編』では，理科の目標にある「科学的」の言葉の意味を，「実証性」「再現性」「客観性」それぞれの条件を検討する手続きを重視するという側面からとらえられるとしています。

実証性 … 仮説が観察，実験によって検討できる
再現性 … 観察，実験を複数回行っても，同一の結果が得られる
客観性 … 多くの人々によって承認され，公認される

ところが，この3つの条件を満たしていたとしても，「科学的思考力」が伴っていないこともしばしばあります。

例えば，冷水を入れたガラスコップの外側に水滴がついた事実を見て「はてな？」と思い，「コップの中の水がガラスからしみ出している」という仮説をもったとします。その子は，どうしたら確かめることができるか，実験の方法を考えました。そして，コップを傾けることで中の冷水を水滴がついていないガラス面につければ，そこにも水滴がつくはずだと思いました。さっそくコップを傾けてみると，予想通り新しいガラス面に水滴がつきました。この事実をもとにこの子は，「ガラスコップの外側についた水滴は，中の水

がしみ出したものだ」と結論づけました。

　この子の「学び」は，「事象観察→問題把握→仮説設定→実験計画→実験結果の予想→実験→実験結果の把握→仮説と観察事実の一致」といった望ましい問題解決のプロセスを経ています。しかし，さも科学的な手続きがとられているように見えても，この理論は他の事象への適用ができず，事象ごとに新たな理論が必要となってしまいます。身の回りの様々な事象を首尾一貫して説明できる科学理論とはなり得ないのです。

　「科学的思考力」とは，広く認知されている科学知識や科学理論を使って，様々な身の回りの事実を首尾一貫して説明できる力のことです。単なる経験的推論による論理的な思考は，論理的思考力は育てても「科学的思考力」は育たないのです。

「科学的思考力」を育てるには？

(1)「予想」の討論をしない

　予想の段階での討論は，空想・想像・屁理屈のオンパレードになりがちです。討論すればするほど，子どもたちは誤った考えを強化していきます。当然，「科学的」である３条件からはかけ離れ，単なる経験的推論に終始してしまうことになります。

(2)既習事項を活用させる

　経験的推論ではなく，これまでに学習して獲得した知識や理論の中から，目の前に生じている現象を説明できるものはないかを考えさせることは，「科学的思考力」を育てる一つの手立てになります。「これまで学習したことで使えるものはありませんか？」と教師が問いかけることで，子どもたちは関係づけて考えようとするはずです。

(3)日常生活で目にする現象との関連を考えさせる

　学習したことを身の回りで生じている様々な現象に当てはめ，言葉で説明して他者と共有させる活動も，「科学的思考力」を鍛える一つの手立てです。

授業研究

43

理科の「言語活動」とは？

「言語力」の育成が叫ばれてから，久しくなりますが，理科の授業の中で目的不在のまま，「単に話させる」「単に書かせる」といった授業が多く見られるようになってしまったことは，残念でなりません。
　理科教育において，どうして言語（ことば）を重視しなければならないのでしょうか。そして，授業の中に，どのように言語活動を設定していけば，確かな習得が望めるのでしょうか。

「言葉」と「認識」の関係

　境目のないグラデーションであるはずの虹を，日本人が7色に切り分けて認識できるのは，その色の言葉があるからです。対応する色の言葉（藍色）が一つ足りないアメリカ人には，本当に6色にしか見えないのだそうです。この事例は，スイスの言語学者フェルディナン・ド・ソシュール（1857－1913）が示した通り，言葉の存在こそが世界を切り取るのであり，言葉がなければ認識すらできないことを示しています。
　自然の事物・現象も言葉によって切り取ることができます。つまり，言葉が認識を生み，言葉が概念をつくるのです。そう考えれば，理科教育とは，広く認知されている科学知識や理論を使って，自然の事物・現象を他者と共有できる言葉で表現できるようにする学習であると言えます。
　ただし，音声表現（話す）だけに依存することはできません。というのも，「話す」という行為は即興的表現に近いからです。会話の状況を咄嗟に判断し，無意識に近い感覚で言葉を選んで表現しています。
　一方，「書く」という行為は，あらかじめ考えていたことを，決められた形式に言葉を落とし込んで表現します。そのときには，時間をかけて熟考し

て，構成を考えることが要求されます。さらに，読み手が誰なのかを考え，適切な言葉や表現方法を選択しなければなりません。だからこそ，思考力は，文字表現（書く）によってさらに強化することが可能なのです。

理科授業における「言語活動」

(1)板書から探す

　子どもたちがその時間に追究すべき「問題」が板書されていることが基本です。その言葉が板書してあれば，子どもたちは「問題」に立ち返って本時の「答え」（まとめ）を表現しようとします。ですから，子どもたちにとって「答え」を書きやすい「問題」を板書することは極めて重要です。

　最後に何を書かせたいのか教師自身が決め，そこから問題の表現を絞り出していきます。また，授業の最後に子どもに書かせたいことがあるなら，その言葉はそれまでに板書されていることが基本です。使える情報が必ず板書されている授業を受け続けた子どもは，板書されている言葉から必要な情報を得ようと取捨選択します。そのときに，子どもたちは考えるのです。

(2)真似する

　「学ぶ」は"まねぶ"という言葉がルーツだそうで，真似をすることは学習の一つの形です。話すことや書くことが苦手な子には，どんどん友達の真似をさせて，「できた！」という事実を積み重ねていくことが大切です。

　真似を繰り返していくうちに，子どもたちの表現力は高まっていくものです。物事の「質」は，「量」を確保しなければ担保されないのです。

(3)ノートをまとめる

　ノートは，言語活動の重要なステージの一つです。しかし，理科では観察・実験に時間がとられるため，授業時間内にまとめるには無理があります。国語や算数ではドリルを宿題に出すこともありますが，理科はありません。

　そこで，ノートのまとめを宿題にします。授業を思い出し，教科書を見ながらノートをまとめることも，重要な言語活動と考えましょう。

授業研究

「活用力」を高める授業とは？

　「活用」とは，習得・活用・探究という３つの言葉の関係の中で教育界に登場してきた言葉です。学習内容の習得を基本とする教科学習と，探究的な追究をねらう総合的な学習の時間の，橋渡し的な位置にある授業のことです。
　つまり，教科学習で獲得した知識・技能を，総合的な学習の時間に活用できるような，生きて働くものにすることが求められているのです。
　どのような授業が，子どもたちの「活用力」を高めるのでしょうか。

教科書だけでは活用力は高まらない？

　教科書とは違う実験方法でテストをすると，得点が伸びないことを前に説明しました（p.54参照）。しかし，獲得した知識・技能を，様々な場面に汎用できる"生きて働く力"としたいのであれば，教科書とは違った教材で授業することも必要になってきます。

　例えば，４年「水の三態変化」の学習では，水を加熱したときの状態変化，温度変化を調べます。どのような実験方法で調べるか，各社の教科書を調べてみますと，多くが丸底フラスコを使っています。

　ところが，一部の教科書では，右の図のようにビーカーに入れた水を加熱して調べる方法が載っています。この場合，水は95〜97℃で沸騰する結果が出てきます。水が気化するときに熱が奪われてしまうからです。

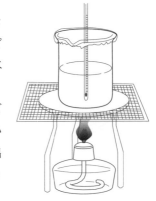

　予想した結果が得られなかったとき，子どもたちの問題意識は高まります。そして，これまでに獲得した知識・技能を活用して，問題を解決しようとし

始めるのです。

意味理解を促す活用問題を設定しよう！

　単元の終わりに，これまでに獲得した知識・技能の活用問題を設定することがあります。次のような問題です。※の授業は第２章で解説します。

(1) 3年
　〇幼虫の体のつくりの特徴はどうなっているか？
　※金紙は電気を通すか？
　※どうすれば，風車をもっと力持ちにできるか？
　〇どうすれば，アルミと鉄の重さ比べができるか？

(2) 4年
　〇＋極側と－極側の導線の電流の強さは，どうなっているか？
　〇温めると，水の温度はどのように変化するか？
　※温めて体積が大きくなった水の重さはどうなるか？
　※斜めにした金属板の中央を温めると，熱はどうつたわっていくか？

(3) 5年
　※どうすれば，振り子の振れ幅がかわっても一往復の時間がかわらないことを証明できるか？
　〇写真の川の水は，どの方向へ流れているか？
　〇コイルの巻き数を増やしても，電磁石が強くならないのはなぜか？
　※炭酸入浴剤を水にとかすと，できた水溶液の重さはどうなるか？

(4) 6年
　〇食べ物の栄養を消化しなければならないのはなぜか？
　※釣り合っている金属棒の片方を曲げると，棒の傾きはどうなるか？
　※どうすれば，紙コップロケットを高く飛ばすことができるか？
　〇食べ物，空気，水，電気マップを合体させよう！

　知識・技能を活用させながら問題を解決する過程でこそ，理科教育でねらう資質・能力を育成することができるのです。

授業研究

45 理科で育てる「資質・能力」とは？

> 「資質」とは，生まれつきの性質や才能のことであり，「能力」とは，物事をなし得る力のことです。「資質・能力」という言葉が教育界に登場した当時，生まれながらにして有能である子ども一人ひとりの資質（よさ）を引き出し，能力（思考力・表現力・判断力）を育てることが求められました。
> しかし，教育における言葉の意味は，時代の流れとともに変化します。今回，「見方・考え方」を発揮しながら「資質・能力」を育てる構図が示されました。理科で育てる4つの「資質・能力」について解説します。

理科で育てる「資質・能力」は，いずれも指定された領域，学年で閉じているわけではなく，重点として設定されているにすぎません。つまり，3年から6年までの授業の様々な場面で繰り返し取り上げられながら育成されることを前提としています。

問題を見いだす力

授業の中で，「比較」させることそれ自体は，目的ではありません。解決すべき問題を見いだすための方法・手段的な活動です。

例えば，メダカの卵の絵をノートにかかせ，終わった子から黒板にもかかせていきます。すると，右の写真のような，実に様々な絵が登場します。すると，子どもたちは板書された絵と絵を比較し始め，次のような「問題」が明確になっていきます。

「卵の膜は二重になっているか？」「卵に毛は生えているか？」同じ対象を観察したとしても，その認識は簡単に共有できません。観察の視点が明確に

なれば，今まで見えなかった事実が見えてきます。
　絵を比較することで解決すべき問題が生まれるのです。

予想や仮説を発想する力

　予想や仮説を設定する場合は，単なる想像や空想ではなく，根拠のある予想（既習事項や生活経験）をもとに話し合う必要があります。
　例えば，一斉指導での話し合い活動を先に行い，子どもたちが考えるための情報を，できるだけたくさん開示しておくことが一つの方法です。そこで得られた情報を取捨選択して，自分の考えをノートにまとめるなどして明確にさせるといった段階を経た指導が必要となるでしょう。

解決の方法を発想する力

　子どもたちが実験方法を真剣に考えるのは，予想した結果が得られなかったときに多く見られます。「どうして？」という問題意識が高まるのです。
　例えば，「振れ幅がかわっても，振り子が一往復する時間はかわらない」ことを確かめる実験をするのですが，条件が制御されているにもかかわらず，期待した結果が得られません。すると子どもたちは，「概数」「平均」といった算数で学習したことを使ってデータを処理し，自分たちが期待するデータを得ようと，解決のための実験方法やデータ処理を工夫するのです。

妥当な考えをつくりだす力

　妥当な考えをつくりだすためには，得られた結果を多面的に考察する必要があります。そのような状況を授業に設定できるかがポイントです。
　例えば，6年「消化」の学習では，でんぷんが糖の仲間に消化される事実を確かめますが，その理由が不明確です。そこで，5年「物のとけ方」のときに，でんぷんが水にとけないことを示しておきます。他単元と関連させる視点があれば，「消化とは，栄養を水にとけるようにする働き」という妥当な考えをつくりだす力を鍛えることが可能となります。

第2章

「資質・能力」を育てる オススメ授業

「3年」の授業

　3年で重視される「資質・能力」は，次の力です。
●**自然事象の差異点や共通点に気付き問題を見いだす力**
　これまで3年の問題解決の能力として設定されてきた「自然の事物・現象の差異点や共通点に気付いたり，比較したりする能力」は，「問題を見いだす」ための方法・手段的な位置づけとなりました。
　そこで，事物・現象を比較する活動を通して，子どもたちが新たな問題を自ら変遷させていく授業例を紹介します。

「電気の通り道」の授業

(1)アルミ缶は電気を通すか？

　右の実験機を子どもたち一人ひとりにつくってもらいます。そして，電気を通す物と通さない物に仲間分けし，金属が電気を通すことの学習を先にしておきます。

――「事実」を問う――――――――――――――
　発問　アルミ缶は，電気を通しますか？
――――――――――――――――――――――

　当然，子どもたちの多くが，アルミ缶が金属であることを根拠に「電気を通す」と予想します。ところが，豆電球には明かりはつかず，「電気を通さない」という結論が出てしまいます。
　すると，子どもから，「アルミ缶の底は電気を通す」という事実をもとに，「ペンキを削れば電気が通るのではないか？」という「方法」の問題が生まれます。
　実際に確かめてみると，豆電球に明かりがつくことで，電気が通ることが確認できます。しかし，「削る」という行為と「電気が通る」という事実を関係づけて理解できない子がいます。

(2)金紙は電気を通すか？

　次に，銀紙を提示し，「電気を通すか？」発問します。確かめると，ぴかぴかしている表の面だけが電気を通すことがわかります。裏は紙なので電気を通さないことを子どもたちに説明します。

---「事実」を問う―――――――――――――――――

　発問　金紙の表は，電気を通しますか？

―――――――――――――――――――――――――

　子どもたちの予想は分かれます。
「金紙も銀紙と同じようにぴかぴかしていて金属だから，電気を通す」
「金紙にも何か塗ってあるかもしれないから，電気を通さない」
　そこで，実際に確かめてみると，豆電球に明かりはつかず，「金紙は電気を通さない」という結論を子どもたちは出します。

　そこで，「じゃあ，先生も確かめてみるね」と，子どもたちの前で金紙に実験機の先を強く押し当てます。すると，豆電球に明かりがつきます。その結果に，子どもたちはびっくりです。教師が何も言わずとも，子どもたちは再実験し始め，次々と豆電球に明かりがついたという結果（事実）が出てきます。

　子どもたちの問題は，ここで「方法」の問題へと変化します。
「どうすれば，金紙にも電気を通すことができるか？」
　そして，「力を入れて押せばいい」「こすりつければいい」ことに気づいていきます。しかし，次の「理由」の問題が残ります。
「どうして，強く押したり削ったりすると，金紙に電気が通るのか？」
　アルミ缶を使った実験と同様に，表面にぬってある電気を通さない物を削ることで回路ができて電気が流れることを，絵にかきながら話し合い，子どもたちは理解していきます。最後に，金紙の表面を紙やすりで削ると，予想通り銀紙が顔を出します。

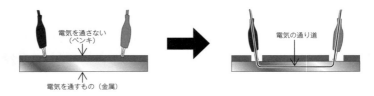

「風の働き」の授業

(1)風車を回そう！

　まず，工作用紙を材料に，風車をつくります（参考：教科書『みんなと学ぶ小学校理科３年』（学校図書，p.87）。３年生の子どもたちでも15分程度で簡単につくることができます。

　風車を回す活動をしてしばらくすると，子どもたちは「もっとよく回したい」と思い始めます。子どもたちにとって「よく回る」とは，「羽根が速く回ること」です。

---「方法」を問う---

　発問　どうすれば，風車を速く回すことができますか？

　子どもたちは，次の方法を考え出します。
- 風を強くする　　　…　「強くする」と全員が予想する
- 羽の長さを変える　…　「長くする」と「短くする」に分かれる
- 羽の数を変える　　…　「多くする」と「少なくする」に分かれる

　羽根が速く回っていることを確かめるために，風車を台に取りつけ，送風機で風を強くしていったとき，羽根が動く速さや手に感じる震動，羽根が回る音を確かめさせます。

　まず，風を強くすると，羽根は速く回ります。これは予想通りの結果です。次に，「長い羽根」「短い羽根」で，羽根と回る速さを比べます。実験して確かめてみると，羽根が短い方が速く回ります。この意外な結果に子どもたちは驚きます。

　次ページの写真は，ペットボトルで風車をつくったときのものです。

第2章　「資質・能力」を育てるオススメ授業

(2)風車で物を持ち上げよう！

右の写真のように，風車の軸に糸を取りつけ，風車が回ることで物（分銅）を持ち上げられるようにします。風の強さをかえない条件で，物を持ち上げることを繰り返していくと，もっとたくさん持ち上げたいと思い，子どもたちは風を強くします。すると，予想通り，風を強くすればするほどたくさんの物を持ち上げることができます。

鈴木楽器製作所の「Windy plus Eco-201」を使うと，簡単に実験できます。

(3)風車をもっとパワーアップさせよう！

──「方法」を問う──

発問　どうすれば，風車の力を強くすることができますか？

子どもたちの多くは，「羽を短くすると力持ちになる」と予想します。風車の羽根が短い方が早く回ったことと関係づけて考えたからです。

一方，風をたくさん捕まえた方が物を持ち上げる力が強くなりそうだと主張する子もいます。

実験して確かめると，「羽根を長くすると物を持ち上げる力が強くなる」ことがわかります。しかし「理由」がわかりません。

この謎は，6年「てこの規則性」の学習（輪軸）で明らかとなります。

「4年」の授業

4年で重視される「資質・能力」は，次の力です。
- 見いだした問題について既習事項や生活経験をもとに根拠のある予想や仮説を発想する力

これまで4年の問題解決の能力として設定されてきた「自然の事物・現象の変化とその要因とを関係付ける能力」は，「根拠のある予想や仮説を発想する」ための方法・手段的な位置づけとなりました。そこで，既習事項や生活経験をもとに予想や仮説を発想する力を育成する授業例を紹介します。

「物の体積と温度」の授業

(1) 体積が大きくなった水の重さはどうなるか？

水を温めると，体積が大きくなるのはなぜでしょう。その理由を「水の粒が増えたから」と考える子どもが多くいます。もし水の粒が増えたのであれば，水の重さは重くなっているはずです。

水の重さはどうなっているか，確かめる授業をしました。

---「結果」を問う――――
発問 温めて体積が大きくなった水の重さはどうなりますか？

子どもたちの考えは，「重くなる」「かわらない」「軽くなる」の3つに分かれます。子どもたちの多くは，3年のときにねん土の形をかえても重さはかわらなかった理由である「ねん土をたしてもへらしてもいないから」を適用し，「かわらない」と予想します。平底フラスコにはゴム風船の蓋がついているため，水が蒸発して出ていくことはないからです。

ところが，実際に水を温めて観察しているうちに，「重くなる」に考えをかえる子が出てきます。あまりの水面の高さの変化に，やっぱり水は増えて重くなっているのではないかと思うのです。

実際にデジタルばかりで量ってみると，重さに変化はなく，3年で学習したことの正しさが再確認できます。水の出入りがない限り，たとえ水の体積が大きくなっても重さはかわらないのです。

(2)水が「軽くなる」と考えたのはなぜか？

ここで，子どもたちにゆさぶりをかけます。

「去年の4年生の中に，こう言った子がいました。先生，体積が大きくなっても重さがかわらなかったということは水は軽くなったということですよね」

ここで，子どもたちに次の発問をします。

――「理由」を問う―――――――――――――
　発問　水を温めると「軽くなる」と考えたのはなぜですか？
―――――――――――――――――――――

「重さがかわらない」という実験の結果をもとに，どうして「水が軽くなった」という結論が導き出せるのか，子どもたちはわかりません。ところが，教師からの次のヒントが出ると，その壁を破る子が出てきます。

「その子は，3年生で学んだ，重さ比べのやり方を説明していましたよ」

食塩と砂糖では，同じ1kgでも袋の大きさが違います。子どもたちは，食塩の方が重いと考えます。そこで，右の器を用意して一方に食塩を，もう一方に砂糖を入れて重さ比べをしようと子どもたちに提案します。ところが，子どもたちは納得しません。同じ量が入る器を準備してほしいと言ったのです。

この学習を経験していた子どもたちは，水の重さ比べも，同じ体積でしなければならないと主張します。温めて体積が大きくなった水を，温める前の水と同じ体積にするには，体積が増えた分を，ピペットで取り除かなければなりません。水が出ていってしまうので，当然軽くなるというわけです。

「温めて体積が大きくなった水は，同じ体積で比べると軽くなっている」という結論は，水が上へ動きながら，温まっていく（対流）ことの意味理解を促すことにつながっていきます。

「物の温まり方」の授業

(1)金属棒の温まり方

金属の温まり方の学習では，まっすぐにした金属棒の端やまん中を温めると，左右に同じ速さで順に温まっていく様子を観察しました。斜めにした棒のまん中を温めても，塗りつけたろうは同じ速さでとけたのです。

(2)金属板の温まり方

次に，ろうを塗った金属板を水平にして，端やまん中を熱したときの，熱のつたわり方について調べます。金属棒と同じように，熱したところから熱は順につたわることが確認できます。

そこで次に，金属棒と同じように金属板を斜めにして，熱のつたわり方を調べる授業をしました。

―「結果」を問う――――

発問 斜めにした金属板のまん中を温めると，熱はどのように伝わっていきますか？

斜めにした金属板のまん中を温めると，熱はどのようにつたわっていくか，ほとんどの子どもたちは，水平にしたときと同じように，円をかきながらろうがとけていく結果が得られるはずと予想します。金属棒を斜めにしても，同じ速さで温まったからです。

第2章 「資質・能力」を育てるオススメ授業

　実験してみると，多くの子どもたちにとって意外な結果が出てきます。金属板の上のろうが速くとけていくのです。ここで子どもたちには，「どうして？」と理由を問う問題が生じます。

　ここで，子どもたちにヒントを出します。

　「金属が熱したところから順に温まっていくことは間違いありません。でも，それとは違った結果が出ました。ということは，そこに何かもう一つの原因が加わったということです。それが何か考えてごらん」

　繰り返し実験させながら，グループで自由に話し合わせます。さらに，他のグループとも情報交換させていきます。

　温めている金属板の上と下に手をかざしてみるように指示も出しました。斜めにした金属板の上の方にだけ温かい風が手に当たるのがわかります。すると，前に学習したことと関連があることに気づく子が数人出てきます。斜めにした金属板の上の方が速く温まった原因は，アルコールランプによって温められた空気の対流の熱が加わったからではないかと考えるのです。

　子どもたちは，線香の煙の動きを確かめることで，金属板の上の方が速く温まる原因をつきとめることができました。

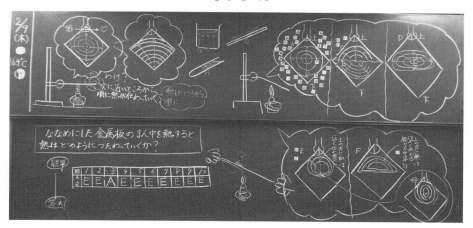

107

「5年」の授業

> 5年で重視される「資質・能力」は，次の力です。
> ●予想や仮説などをもとに質的変化や量的変化，時間的変化に着目して解決の方法を発想する力
>
> これまで5年の問題解決の能力として設定されてきた「変化させる要因と変化させない要因を区別しながら，観察，実験などを計画的に行っていく条件制御の能力」は，「解決の方法を発想する」ための方法・手段的な位置づけとなりました。そこで，解決の方法（実験の計画）を発想する力を育成する授業例を紹介します。

「振り子の運動」の授業

(1)ガリレオ体験①

水を入れたペットボトル（500mL）をおもりにした振り子を理科室に吊し，大きくゆらしながら，ガリレオの伝記を途中まで読み聞かせます。そして，

「大きくゆれる振り子と小さくゆれる振り子を比べて，ガリレオは何かに気づきました。それは何でしょうか？」

と発問します。

子どもたちは，振れ幅がかわっても，ペットボトルの振り子の周期（一往復の時間）がほぼ同じであることに気づきます。

次に，ガリレオが自分の脈拍でどのように周期を比較したのか挑戦させます。メトロノームのリズム（♩=72）をガリレオの脈に見立てて数えさせるのですが，一往復はあっという間で正しく数えることができません。

そこで，10往復というまとまった数で脈拍数を数えれば，ほんの少しでも周期に差があれば，違いが大きくなっていくことを子どもたちに教えます。10往復でメトロノームの拍の回数を調べると，なるほど同じです。ガリレオは，「振れ幅がかわっても，振り子が一往復する時間はかわらない」という予想をもったことを子どもたちは実感します。

第2章 「資質・能力」を育てるオススメ授業

(2)「サスペンス型」の証明実験

次に，ガリレオの様相を証明するための実験方法について発問をします。

---「事実」を問う---

発問 どうすれば，振り子の振れ幅がかわっても，一往復の時間がかわらないことを証明できますか？

教科書に載っている実験方法を参考にしながら，実験の計画を立てさせていきます。

ところが，実験すると困ったことが起きます。子どもたちが使用するストップウォッチは100分の1秒まで表示されるため，微細な誤差にこだわれば，ガリレオが発見した「振り子のきまり」を証明する結果からかけ離れていくのです。すると，「大体にしようよ」と言う子が出てきます。そして，データを四捨五入するのです。納得がいかないデータが得られると，「どうして？」「実験の方法が間違っているのかな？」と考え，再実験します。

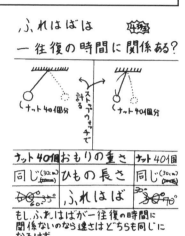

つまり，先に「答え」がわかっている「サスペンス型」だからこそ，データの"ばらつき"を誤差だと子どもたちは判断し，算数で学習したことを使ってデータを処理しようとするのです。

(3)ガリレオ体験②

伝記の続きを読みます。そして，ガリレオと同じように，小さな振り子を自分でつくり，シャンデリアの振れ方と比較させます。すると，振り子の周期は，自分たちがつくった小さな振り子の方が短いことに子どもたちは気づきます。

周期が短くなる要因は何かを子どもたちは考えます。ペットボトルの大きな振り子と自分たちがつくった小さな振り子の違いは，「おもりの重さ」と「ひもの長さ」の２つです。さらに，小さな振り子のひもを短くすれば

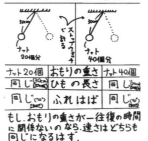
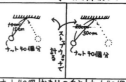

するほど，周期が短くなっていくことから，ひもの長さ（振り子の長さ）を短くすると，一往復の時間が短くなることにガリレオも気づいたに違いないと，子どもたちは指摘します。

(4)「ミステリー型」の実験

　ここからは，次の２つの問題を設定し，実験の計画を立てていきます。

　問題１　おもりの重さをかえると，振り子の周期はどうなるか？
　問題２　ひもの長さをかえると，振り子の周期はどうなるか？

　すでに，実験の計画の立て方，データのとり方，そして，データの処理の仕方については指導済みであるため，実験を子どもたちに任せても，ほとんど大丈夫なはずです。

「物のとけ方」の授業

(1)重さを予想する

　まず，食塩やミョウバンを水にとかしても，その重さはなくなることはなく保存されることを指導します。その後，炭酸入浴剤がとける様子を観察させ，次のように発問します。

　「結果」を問う
　発問　炭酸入浴剤を水にとかすと，水溶液の重さはどうなりますか？

これまでの学習をそのまま適用すれば,「炭酸入浴剤水の重さは, 炭酸入浴剤と水の重さの和になる」はずです。しかし, とける様子がこれまで水にとかした物とは違います。炭酸入浴剤は, 泡を出してとけていくのです。

子どもたちの予想は,「重くなる」「かわらない」「軽くなる」の3つに分かれます。それぞれの理由は, 以下の通りです。

- 重くなる　…　軽い気体が出ていったから
- かわらない　…　食塩やミョウバンと同じだから, 気体に重さはない
- 軽くなる　…　気体が出ていったから, 気体にも重さはある

(2)実験の計画を立てる

実験の計画を立てさせる前に, 次のように発問します。

「実験のために, 何を貸してほしいですか?」

すると, これまで使ったことのある実験道具が, 子どもたちから発表されます。電子天びん, スチロール棒瓶, 薬包紙…などです。各グループで実験の計画を立てているときに, 新たに貸してほしい物があったら追加していきます。ただし, 実験が始まってからは, 事前に要求があった物以外は貸さないのが基本です。だから, 子どもたちは真剣に考えてくれるようになります。

(3)実験して確かめる

実験すると, 水溶液の重さは時間の経過とともに, 少しずつ軽くなっていきます(0.1g表示の電子天びんを使用)。たとえ気体でも, 外に出ていってしまえば, 重さは

軽くなることを子どもたちは理解します。気体にも重さがあるのです。

では, 炭酸飲料用のペットボトルを使って蓋をして実験したらどうなるでしょうか。もちろん, 時間が経っても重さに変化はありません。ところが, 蓋を開けると, シュっと音がして中の気体が外へ逃げます。重さを量ってみると, 軽くなっていることがわかります。

「6年」の授業

> 6年で重視される「資質・能力」は，次の力です。
> ●自然事象の変化や働きについてその要因や規則性，関係を多面的に分析し考察して，より妥当な考えをつくりだす力
> 　これまで6年の問題解決の能力として設定されてきた「自然の事物・現象の変化や働きについてその要因や規則性，関係を推論する（多面的に考える）能力」は，「より妥当な考えをつくりだす」ための方法・手段的な位置づけとなりました。そこで，より妥当な考えをつくりだす力（考察力）を育成する授業例を紹介します。

「てこの規則性」の授業

(1) 棒の傾きを予想する

　金属棒のまん中に糸を結びつけてつり合わせます。棒にも重さがあり，右と左の重さは等しいことになります。釣り合っている棒を示し，次のように発問しました。

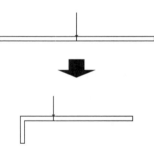

　「棒の片方を右の図のように折り曲げます。すると，棒の釣り合いはどうなりますか？」

　子どもたちの予想は，「曲げた方に傾く」「釣り合ったまま」「曲げない方に傾く」の3つに分かれます。理由は以下の通りです。

- 曲げた方に傾く　　…　下に引っ張られそう
- 釣り合ったまま　　…　形をかえても重さはかわらない（3年の学習）
- 曲げない方に傾く　…　棒のおもりが支点から近くなる

　発問してすぐの子どもたちの予想は，「曲げた方に傾く」が一番多かったのですが，話し合いを進めるうちに，「釣り合ったまま」が多数派となっていきました。

第2章 「資質・能力」を育てるオススメ授業

　ここで、教師実験で確かめます。すると、子どもたちの予想に反して、「曲げない方に傾く」という結果が得られます。その事実に子どもたちは驚き、次の問題意識が高まります。そこで、本時の「問題」として板書しました。

―「理由」を問う ―――――――――――

　問題　釣り合っている棒の片方を曲げると、曲げない方に傾くのはなぜか？

(2)理由を話し合う

　曲げない方に棒が傾いた理由を、グループで話し合わせます。そのとき、これまでの学習で使ってきた"実験用てこ"を使って説明できるように指示します。このときには公開授業だったため、子どもたちは会場の参加者にも自分たちの考えを説明してもらいました。すると、聞いてくださっている先生たちから大きな拍手をもらっているグループがありました。

(3)理由を発表する

　次の時間、各グループでまとめた「理由」を発表してもらいました。その中で、最も他の子どもたちから支持されたグループがありました。会場から大きな拍手をもらった子どもたちです。その子どもたちは、棒と実験用てこを使って、次のように説明しました。

「棒は，小さなおもりがつながっていると考えることができるでしょう。それは，実験用てこのすべてにおもりを吊している状態と同じです」

「棒の片方を曲げるということは…（実際に曲げる）…その棒の小さなおもりが支点に近づいたということです」

つまり，棒を曲げることで棒のおもりの一部分が支点に近づき，"棒を傾ける働き"が小さくなったのです。子どもたちは，学習し

たことを活用し，妥当な考えをつくりだすことができたのです。

「燃焼の仕組み」の授業

(1)紙コップロケットを飛ばそう！

アルミ缶（350mL）の上蓋を缶切りで開け，底近くに鉛筆の太さの穴を開けます。そして，アルミ缶の中に制汗スプレーをかけて紙コップできつめに蓋をします。そして，穴に火をつけると，紙コップは「ポン！」という音を立てて飛びます。スプレーの中に，可燃性のLPガスが入っているからです。

飛ぶ様子を見せた後，ほとんどの子どもたちは「やってみたい！」と言います。そこで，次の条件を出します。

　条件　先生より高く飛ばすこと！

子どもたちは，燃料であるガスをたくさんアルミ缶に入れればよいと予想

第2章 「資質・能力」を育てるオススメ授業

します。そこで，子どもたち一人ひとりに一回ずつ挑戦してもらうのですが，ほとんどの子が飛びません。このとき，子どもたちに次の問題が生まれます。

> ─「方法」を問う─
> **問題** どうすれば，紙コップロケットを高く飛ばすことができるか？

(2)紙コップロケット飛ばしに再挑戦する

　少数の子が，高く飛ばすことに成功します。失敗した子の飛ばし方と何が違うかを比較させます。すると，飛ばすことができた子のガスの量が少ないことがわかります。すると，子どもたちの問いは，「どうして，ガスが少ない方が飛ぶのか？」と変遷していきます。

　子どもたちに，紙コップロケット飛ばしに再挑戦してもらいます。今度は，ガスの量を少なくします。すると，見事に紙コップロケットは音を立てて飛んでいきます。

(3)燃料が少ない方がよく飛ぶ理由を話し合う

　子どもたちは，紙コップロケット飛ばしに再挑戦しながら話し合い，燃焼には酸素が必要である既習事項を思い出します。そして，たくさん燃料を入れるということは，LPガスが燃焼するための酸素を追い出していることに気づいていきます。

(4)日常生活との関連

　最後に，アルミ缶の中にたっぷりガスを入れて次のように発問します。

　「数年前の6年生に，アルミ缶の中にガスをたっぷり入れても飛ばせられると言った子がいました。どうしたと思いますか？」

　すると，「酸素を入れればよい」という考えが出てきます。アルミ缶に開けた穴から実験用酸素ボンベで酸素を入れます。そして穴に火をつけると，爆発とともに紙コップは天井に勢いよくぶつかります。

　ガス爆発の事故が起きたということは，そこにはガスが燃えるために必要な酸素があったということです。ガス100％では爆発しないのです。

おわりに

　本書で設定した45の項目に自分で答えながら，これまでの教師人生を振り返っている筆者がいました。地元福島県の公立小学校で20年間，そして，筑波大学附属小学校での14年間，よいことも悪いことも含め，いろいろなことがありました。

　その34年間の中で筆者が恵まれていたのは，授業づくりに一生懸命な教師仲間に囲まれていたことでした。校内研究会で議論を交わした同僚，教育サークルで情報を交換し熱く討論した仲間です。筆者の教師としての基礎は，それらの教師仲間との交流の中で培われていったことは間違いありません。

　本書に書かれている内容も，先輩を含めた教師仲間から学んだことがほとんどです。筆者は，少しだけ自分流にアレンジしたにすぎません。新しいことを考え，創り出すというクリエイティブな作業は，本来そういうものなのかもしれません。これまでに先輩教師たちが創り出した研究成果の新しい関係づけや組み合わせこそ，オリジナリティーの本質なのでしょう。

　あるテレビドラマで，主人公の刑事が言いました。
「事件は会議室で起きているんじゃない。現場で起きているんだ！」
　教育もまた，会議室で起きているのではありません。子どもと接している私たち教師と子どもたちがいる教育現場でこそ起きているのです。その意味で私たち教師は，流行に振り回されることなく，気概をもって授業づくりに挑戦しなければなりません。筆者も57歳を過ぎました。定年退職まであと数年です。しかし，新しい授業づくりを貪欲に追求する姿勢だけは，これからももち続けたいと思っています。

　最後になりましたが，本書の執筆，編集に力を貸してくださった明治図書の赤木恭平氏に感謝申し上げます。ありがとうございました。

　　　　　　　　　　　　　　　筑波大学附属小学校　佐々木昭弘

【著者紹介】
佐々木　昭弘（ささき　あきひろ）
筑波大学附属小学校教諭。1960年，福島県福島市生まれ。
北海道教育大学教育学部卒業後，福島県公立小学校を経て現職。
日本初等理科教育研究会副理事長（研究企画部担当），
理数授業研究会代表，『みんなと学ぶ小学校理科』（学校図書）
編集委員。

佐々木昭弘の理科授業
これだけは身につけたい指導の技45

2018年2月初版第1刷刊	ⓒ著　者	佐　々　木　　昭　弘
2019年7月初版第3刷刊	発行者	藤　原　光　政

発行所　**明治図書出版株式会社**
http://www.meijitosho.co.jp
（企画・校正）赤木恭平
〒114-0023　東京都北区滝野川7-46-1
振替00160-5-151318　電話03(5907)6702
ご注文窓口　電話03(5907)6668

＊検印省略　　　　　組版所　中　央　美　版

本書の無断コピーは，著作権・出版権にふれます。ご注意ください。

Printed in Japan　　　ISBN978-4-18-210420-6
もれなくクーポンがもらえる！読者アンケートはこちらから →

小学校 新学習指導要領の展開シリーズ

平成29年版

ラインナップ

総則編	無藤　隆 編著	【3277】
国語編	水戸部修治・吉田裕久 編著	【3278】
社会編	北　俊夫・加藤寿朗 編著	【3279】
算数編	齊藤一弥 編著	【3280】
理科編	塚田昭一・八嶋真理子・田村正弘 編著	【3281】
生活編	田村　学 編著	【3282】
音楽編	宮﨑新悟・志民一成 編著	【3283】
図画工作編	阿部宏行・三根和浪 編著	【3284】
家庭編	長澤由喜子 編著	【3285】
体育編	白旗和也 編著	【3286】
外国語編	吉田研作 編著	【3287】
特別の教科 道徳編	永田繁雄 編著	【2711】
外国語活動編	吉田研作 編著	【3288】
総合的な学習編	田村　学 編著	【3289】
特別活動編	杉田　洋 編著	【3290】

A5判
160〜208ページ
各1,800円＋税
※特別の教科道徳編のみ1,900円＋税

大改訂の学習指導要領を広く、深く徹底解説
資質・能力に基づき改編された内容の解説から新しい授業プランまで

明治図書
携帯・スマートフォンからは **明治図書ONLINE** へ　書籍の検索、注文ができます。▶▶▶
http://www.meijitosho.co.jp　＊併記4桁の図書番号でHP、携帯での検索・注文が簡単にできます。
〒114-0023　東京都北区滝野川7-46-1　ご注文窓口　TEL 03-5907-6668　FAX 050-3156-2790

大好評発売中！

3時間で学べる 平成29年版 小学校 新学習指導要領 Q&A

新しい学習指導要領を研究する会 編著

とにかくやさしく新学習指導要領を解説しました

- A5判
- 136頁
- 本体 1,760円＋税
- 図書番号 1198

目次

Chapter 1
誰でも「改訂の全容」が分かる新学習指導要領Q&A

そもそも学習指導要領の改訂って何？／今回の学習指導要領における一番の改訂点はどこ？／学習指導要領が変わると授業はどう変わるの？／新しい学習指導要領は，どんな子供の姿を目指しているの？／ほか

Chapter 2
いますぐ「各教科の改訂ポイント」が分かる新学習指導要領Q&A

国語の改訂の一番のポイントは？／ほか

初めて学習指導要領の改訂を経験する先生でも，3時間ですべてのポイントがわかる！「主体的・対話的で深い学び」「カリキュラム・マネジメント」など，話題の文言の解説から，各教科の一番の改訂点，具体的に現場はどう変わるのかまで，Q&A形式ですべて解決します！

☑「主体的・対話的で深い学び」の実現って何？
☑ 道徳が教科化されるとどうなるの？
…にすべて答える
とにかくやさしい **最初の一冊**

明治図書　携帯・スマートフォンからは **明治図書 ONLINE へ** 書籍の検索，注文ができます。▶▶▶

http://www.meijitosho.co.jp ＊併記4桁の図書番号（英数字）でHP、携帯での検索・注文が簡単に行えます。

〒114-0023　東京都北区滝野川7-46-1　ご注文窓口　TEL 03-5907-6668　FAX 050-3156-2790